——天上への道は良心のそれである　M・ルター——

# 「良心」の天路歴程

## 隠れたアンテナ効果とは？

金子晴勇［著］

YOBEL,Inc.

フィッシャー「宗教改革のアレゴリー」（一部）
ルターが縛られた良心と庶民にキリストとその救いへの道を示す。

# 序説——霊性の扉は良心現象の解明によって開かれる

霊性は感性や理性を超えた能力であり、人間の心の深みに宿っている宗教心である。それは現世の在り方に対する反省からはじまり、この世界を超えて永遠なるものを捉えたいという願いとなって現われている。この願望は自己の力によっては実現できないと知るや、神の恩寵や絶対の大悲に頼ろうとする信仰を生み出す。日本人は仏教においてこのような霊性に到達し、霊性史において最も傑出した鎌倉仏教（平安時代末期から鎌倉時代にかけて興起した日本仏教の変革の動きを指します。）を生み出した。

鈴木大拙《だいせつ》（1870 - 1966）の『日本的霊性』によると古代の日本人には深い宗教心は見られず、繁栄を極めた平安朝文化も感性と情性にすぐれ、頽廃的な宮廷生活を送った「大宮人」に現われているように繊細で女性的で、優雅閑寂にして感傷的であった。したがって「平安文化はどうしても大地からの文化に置き換えられねばならなかった。その大地を代表したものは、地方に地盤をもつ、直接農民と交渉していた武士である。……鎌倉時代になって、日本人は本当に宗教、即ち霊性の生活に目覚めたと言える。平安時代の初めに伝教大師《でんぎょうだいし》（最澄、767 - 822）や弘法大師《こうぼうだいし》（空海、

774-835)によって据えられたものが、大地に落着いて、それから芽を出したと言える。日本人はそれまでは霊性の世界というものを自覚しなかった。鎌倉時代は、実に宗教思想的に見て、日本の精神史に前後比類なき光景を現出した」(『日本的霊性』岩波文庫、49頁)。そしてこの霊性は法然《ほうねん》(1133 - 1212)に始まり親鸞《しんらん》(1173 - 1263)で開花した浄土真宗に求めることができる、と彼は次のように語っている。

> 真宗の中に含まれていて、一般の日本人の心に食い入る力をもっているものは何かと言うに、純粋他力と大悲力とである。霊性の扉はここに開ける。浄土教の終局はここになければならぬ。真宗はこれを十分に捉えたので、庶民的なものになり能うたのである。浄土教が教える「浄土」よりも、その絶対他力のところに、この教の本質がある。(前掲書、55―56頁)

ここに仏教の純粋他力と大悲力が、つまり絶対他力の教えは親鸞に自己認識から起こっており、この自己認識は「罪悪深重《ざいあくじんじゅう》、煩悩熾盛《ぼんのうしじょう》の衆生」といわれる生き方を内実としている(親鸞『歎異抄』金子大栄校訂、岩波書店、41頁)。しかも、それを彼は我が身一個に集中して捉えている。さらに「弥陀の五劫思惟《ごこうしゆい》の願をよくよく案ずれば、ひとえに親鸞一人《いちにん》がためなりけり」(同書87頁)。このような自己認識と自己意識はヨーロッパ思想史では「良心による自己認識」として把握されてきた事柄である。したがって親鸞の霊性はヨーロッパ思想史では良心の主題の下に探求されてきたといえよう。ヨーロッパ語の「良心」(conscientia)は「他者に繋がる意識」(scientia cum alio)を意味しており、この他者は社会・理性・神として良心に関わっている(詳しくは本書17頁を参照)。

このように考えると霊性の扉を開くのは良心に他ならないと言うことができる。日本人の自己意識は他者にどう思われるかという社会的な恥の意識によって支配されてきた。しかし今日グローバル化が進行しており、ヨーロッパ的な良心が問題にされてくるようになった。良心論という大作を著したシュトーカー(Hendrik Gerhardus Stoker, 1899 - 1993)によると、恥の赤面現象も「真正な良心現象」にほかならない。ただ恥の方が反省以前の直接的な全人格的体験の表出となっていて、その意味では良心よりも根源的な罪責体験であるといえよう。しかし、日本人の場合には恥が世間体、体裁、外聞によって強烈に喚起されているといわねばならない。この種の恥の形態は良心現象においては社会的良心の形態に相応している。そこでわたしは日本的な恥の形態を良心現象の社会的形態のなかにあてはめ、良心が三段階の発展をなすことを解明することによって、「良心」の問題に光をあてようと試みた。

わたしたちはこれまで「恥」という言葉を多く用いてきたが、そこに社会的な意味と個人の主体的意味との区別を十分に意識しなかった。同様のことはヨーロッパ人についても言えるのであって、彼らはわたしたちとは反対に「良心」という言葉を多く使用していても、そこに多様な形態があるのを十分に理解しないまま、それぞれの世界観から一面的に解釈してきたのであった。わたしはこの三段階説をルター（Martin Luther, 1483 - 1546）の短い説教から学び、それが彼の人間学の全体像と深くかかわっていることを知った。本書はこのルター研究の延長線上にあって、わたしなりに良心現象の全体像を描いてみた試みである。

使用した文献は古今東西にわたっているが、日本のものよりも、欧米の方が多かった。というのは良心現象の場合には顕著であるが、わたしたちのあいだでは事態的にはこの現象を表明しながらも、この概念が用いられていないからである。一例をあげると島崎藤村《しまざきとうそん》（1872 - 1943）の『新生』は深い懺悔の書であり、良心のやましさの一大叙述でありながら、「心」や「真心」を用いていて「良心」を使っていない。それに反し、同じく懺悔の書である夏目漱石《そうせき》（1867 - 1916）の『こころ』やホーソン（Nathaniel Hawthorne, 1804 – 1864）の『緋文字』は良心という言葉を繰り返し用いている。また次の室生犀星《むろうさいせい》（1889 - 1962）の詩は「良心」を用いていないが、「霊」という言葉を使って、その現象を実に的確に捉えている。

わが霊のなかより

緑もえいで
なにごとしなけれど
懺悔の涙せきあぐる
しづかに土を掘りいでて
ざんげの涙せきあぐる

（『室生犀星詩集』岩波文庫、16頁）

これは彼が描いた「小景異情」の一節である。「霊」はもちろん心の最内奥を指し、そこから芽生える「緑」は新しい心の良心である。良心は「なにごと」という行為よりも、自己自身の存在に向かって「懺悔」する。これこそやましい良心の現象であって、反省により過去の「土を掘り」返しながら、その根底に宿る自己の罪に懊悩する。

しかし、今日、良心という言葉も多く用いられるようになってきた。地方に行くと無人の野菜売場に「良心市」の看板が立っていて、指定の代金を払うことが求められたりしている。とはいえ、このような看板をかけねばならない現実に注目しなければならない。じっさい、今日《こんにち》は一般に良心も内面性もない時代であると言われている。たとえば現代の若者にとって破廉恥も「かっこいい」、つまり「体裁がいい」と感じられている。彼らは既成の一切の価値を転倒させることに生きがいを見いだすのであろう。しかし、否定するだけなら、その先に無を見るにすぎず、やがては自己破壊に転落するのではなかろうか。確かに良心はこれまで道徳的意識の源泉として考えられてきた。しかし、それ以上にわたしたちの生存と存在の根源、つまり霊性に関与しているのではなかろうか。さらに、既成の価値体系が次々と崩壊していくさ中にあって、実はより根源的なものが良心現象のなかにあらわになってくるのではなかろうか。このような問題意識と願いとをもってわたしはここに良心論を世に問う次第である。

私が折々になした講演をまとめたものを『わたしたちの信仰 —— その育成をめざして』（2020年、ヨベル）として出版しましたが、その講演の中に「心のアンテナ」というタイトルがある。その結びで「わたしたちは心のアンテナを出して各自の心深く語りかけてくる声に応答していきたい」と記している。アウグスティヌスの生涯に触れながらこのことを語りかけたものである。本書には、アンテナという言葉は出てこないが、人間が創造され、神からの贈り物として、このアンテナがわたしたちの内に隠されており、神の声を聞く機会をもっていることを受けとめていただければ幸いである。

# 「良心」の天路歴程——隠れたアンテナ効果とは？

——天上への道は良心のそれである　M・ルター——

目次

## 第4章　良心の現象　その3——宗教的良心　143



## 第5章　良心概念の多義性と統一性　201

# 序論　良心はどんな現象を意味するのか

日本語の「良心」は孟子に由来する。彼によると人間は本性において善であって、先天的な良知・良能が備わっているため、善を知り実行できる。また良心は「仁義の心」と同義であり、思いやりと正しい道とからなる心である。伊藤仁斎《じんさい》（1627 - 1705）は孟子《もうし》（BC. ca. 372 - ca. 289）より〈仁義の良心〉を継承しており、同じく明治の初めには中村正直《まさなお》（敬宇《けいう》 1832 - 1891）がこの意味で良心をもちいているが、西周《あまね》（1829 - 1897）はこれを批判し、良心が習慣・習俗・法律・教育などにより経験的に形成されると説いた。内村鑑三（1861 - 1930）は「罪」の意識という宗教的な意味で良心をもちいている。

良心概念は時代により国々により多様な意味をもって用いられているが、その現象は人間によってなされた行為に対する道徳的な反省の意識である。それは大抵の場合「やましい良心」(bad conscience）として現われ、この意識の否定として「やましくない良心」(good conscience）が表明される。それゆえ「やましい良心」が真正な良心現象である。

## (1) ヨーロッパ精神史における良心概念の形成

ヨーロッパ精神史でも良心は道徳的な意味と宗教的な意味とをもっている。ギリシア語の syneidēsis（シュンエイデーシス）は①他者と共有する知識、②伝達や通知、③知識、④意織や知覚、

⑤善悪の意識や良心、⑥共犯・罪責・罪悪といった多義なる意味をもっている。ヨーロッパ語の源泉であるラテン語の conscientia の元来の意味は①共通の知識、②心の意識、③知織・認識・教えであったが、後に道徳意識となり、人間の内心を意味するようになった。ドイツ語の Gewissen は①あることの知や意識、②他者との共知、③知識や知らせであるが、ラテン語の影響によって道徳的意識の意味が加わった。こうして良心の語源は一般的にいって行為に向けての「知識」(notitia) から始まり、「道徳的意識」を通って「内なる良心」に到達している。なかでも共通点はヨーロッパ語の前綴 syn, con, Ge が「共に」を意味し、良心は目撃者や証人ともなり、他者や神、また超越的な自己が現実の自己と共にいて良心的作用を演じていることである。

さらにこれに時間的経過を加えると、良心は行為の行なわれる前にある「警告する良心」、行為後の「告発し審判する良心」、および自責する「やましい良心」とに分けられる。

こうして良心の現象には自分が行なった行為に対し、①「警告者」②「共知者」③「告発者」④「審判者」⑤「共苦者」として作用していることが知られる。

次に良心概念の歴史的展開について簡単に指摘しておきたい。歴史的には道徳的意識の源泉として良心は自覚されるようになる。個人としての自己の内面性の出現と共に良心は自覚され、個人の運命と負い目の意識を基盤とするギリシア悲劇や神の前での個人的責任を強調したエレミヤ、エゼキエルなどのイスラエル預言者のうちにその萌芽が現われている。

古代の末期になると社会変動によって集団的な意識の危機が生じて個人的な内面性が開かれ、良心学説が出でくる。たとえばキケロ（Marcus Tullius Cicero, BC. 106 - 43）にとって良心は道徳的意識の根源であり、これに聞き従うことが行動の指針であり、気高く偉大な生活である。またセネカ（Lucius Annaeus Seneca, BC. ca.4 - AD. 65）にとっても、良心は生活上の監察者にして「わたしたちの内に住まう聖なる精神」であって、神的なものと理解された。このような宗教的な傾向はキリスト教の影響によって深められ、神に対する罪の意識が良心によって語られるようになる。パウロは心に記されている律法、つまり「自然法」を良心が証言していると言い、良心に従う正しい生活をすすめた。また新約聖書のヘブライ人への手紙の著者は、良心によって罪責意識を語り、キリストの血による「良心の清め」を説いて、救済論の中心に良心を据えた。さらにアウグスティヌス（Aurelius Augustinus, 354 - 430）は良心を神の前に立つ自己の内面性として捉え、『告白録』において良心の自己告発と救済とをドラマティックに描いた。

ヨーロッパの中世では良心はシンデレーシス（良知）との関係で考察され、トマス・アクィナス（Thomas Aquinas, ca.1225 - 1274）によるとシンデレーシスは実践的な知性に属し、実践理性の普遍的な命令を conscientia（良心）は個々の状況に適応して何をなすべきか、なされたことが正しいか否かを実践的諸原理から判断する作用である。他方ではボナヴェントゥラ（Bonaventura, 1221 - 1274）はシンデレーシスを意志の中にあるとみなし、それが「良心の火花」として働き、人々を神に導くがゆえに、修練によって良心を清めるように鋭いた。

近代に入るとルターによって良心の宗教的な理解は頂点に達し、良心は神の言葉に縛られており、罪人に有罪の判決を下すと、各人と一緒に苦しむことによって試練に陥り、そこから「試練を受けた良心の神学」が確立された。この宗教的解釈はキルケゴール（Søren Aabye Kierkegaard, 1813 - 1855）に継承されたが、啓蒙時代に入ると宗教から切り離された本性的な良心が考察されるようになった。その移行はカント（Immanuel Kant, 1724 - 1804）の思想的発展のうちに示され、初期においては良心は神的法廷の代理人と考えられていたのに、晩年においては「内的法廷の意識」と規定され、為された行為が法則や義務に適っているかどうかが判定される。

近世イギリス道徳哲学では啓蒙思想に立つバトラー（Josep Butler, 1692 - 1752）が道徳的価値判断の作用として良心を捉え、その自律性を強調し、アダム・スミス（Adam Smith, 1723 - 1790）はこの自律した良心を「公平無私の観察者」とみなした。他方、ドイツ観念論では良心は他者や共同体との関連の中で把握し直されてた。たとえばフィヒテ（Johann Gottlieb Fichte, 1762 - 1814）は主観性にもとづいて観念論の体系を樹立していく最中に自己と同類の他者の存在を良心の呼びかけによって承認し、ヘーゲル（Georg Wilhelm Friedrich Hegel, 1770 - 1831）は良心が主観的な自己確信によって強力となっても、自己の特殊性に陥っているので、客観的な人倫組織のうちに真の良心を捉え直している。

現代では良心のやましさを超克する実存思想がニーチェ（Friedrich Wilhelm Nietzsche, 1844 - 1900）やサルトル（Jean-Paul Charles Aymard Sartre, 1905 - 1980）によって説かれたり、良心を世人の公共性やおしゃべりの中に堕落している人に決断を促して最も固有な自己存在である実存に向けて現存在に「呼びかける声」としてハイデガー（Martin Heidegger, 1889 - 1976）によって解釈されている。こうした多様な解釈にもかかわらず認められる統一性は、良心が何らかの存在や法の前での自己意識であり、現実の自己よりも高い存在を志向させる作用であるということである（岩波『哲学思想辞典』）。

## (2) ルターにおける良心概念

一般的に言ってキリスト教の人間観ではギリシアの精神と身体の二元論ではなく、霊・魂・身体の三部構成が聖書から説かれ始め、アウグスティヌスがそれを採用し、ルターが自己の神学の中心概念とみなすようになった。とりわけ「霊」の観念を説明するためにルターは「良心」と「神の前に立つ自己の意識」として採用するに至った。このことは「霊」の概念が人間の本質を表明している割には聖書では不明確であったので、それを説明するためにルターによって「良心」概念が援用されたのであった。

この霊・魂・身体という三分法のなかでももっとも重要なのは「霊」であり、それは聖書に独自な人間を表す用語であって、ギリシア的な「精神・身体」の二元論とは異質な概念であった。それは旧約聖書ではルーアッハとして登場し、「神の息」という生命力を意味すると同時に神の前に立つ人間の全体的な姿を表現し、新約聖書ではそれがプネウマでもって表明された。ところで日本語の「霊」という言葉には日常語としてはプネウマの意味を表現できず、他の言葉で補足しなければならない。聖書以後でも同じ試みがなされており、たとえばアウグスティヌスは「心」(cor)を、ドイツ神秘主義では「魂の根底」(Seelegrund)を、ルターは「良心」(conscientia)を、シュライアマッハー(F. D. Schleiermacher, 1768 - 1834)は「心情」(Gemüt)を使って説明された(金子晴勇『キリスト教人間学入門』教文館、45―47、63―66、79―81、88、102―103頁参照)。その中でも「心」という語が日本語としては最適なものである。それは心の機能には「霊性・理性・感性」が含まれ、霊性は心の最深部の機能といえるからである。

ところでルターによると聖書に見られる多くの矛盾的な対立は、「神の前にあることにしたがって」(secundum quod sunt coram deo)か「人々の前にあることにしたがって」(secundum quod sunt coram hominibus)かによって語られることから起こってくる(WA. 4, 490, 1f. WA= ワイマール版ルター全集を示す、以下同様)。この「前に」(coram)の意味は場所的なの空間(spatium loci)を意味しない。なぜなら遍在する神の前にすべてはあらわなのだから。そうではなくてこの「前に」というのは「認識と心情の面での」(secundum cognitionem et affectum) 神もしくは人々との関係の中での人間の自己認識と主体的関わり方を意味する (WA.3, 479, 1ff.)、さらにそれは神と現世の人々によってどのように判定され評価されるかという法廷的意味をもっている。

初期ルターの神学は『第一回詩編講義』によって根本思想の形成を見た。そこでまず『第一回詩編講義』と『ローマ書講義』での良心概念を検討してみると、良心が神との出会いの場として「神の前」(coram Deo) に立つ自己を語り、神の審判の言葉によって起こる良心の戦慄と呻きという危機の記述が繰り返しなされ、罪と罪責から解放された良心の歓喜と慰めおよび希望が語られる。

それゆえ良心は神との出会いの場として理解され、「場」(locus) の概念を用いて神と人間が良心において出会う関係を語る。アウグスティヌスも良心は神が現存したもう「座」(sedes) であるという考え方を彼の『詩編注解』で語っていたが (『詩編注解』54編9節参照)、ルターもこの思想の伝統を受け入れていると思われる。

わたしたちが神とともに (cum Deo)、花婿が花嫁とともに住まうべき場所 (locus)、すなわち良心 (conscientia) が痛悔の絶え間ない激烈さによって焼かれ無とされるために、わたしたちの食物はいなごでなければならない」。(WA. 3, 593, 28ff.)

このように良心は「神とともなる場所」（locus cum Deo）であり、花嫁の部屋であって、神の前に（coram Deo）立つ神関係を示している（cf. WA.3, 190, 24-39）。ここからルターは「神の前」と「人々の前」をその後の神学思想において独自な「範疇」として絶えず用いるようになった。

ところでキルケゴールが『死に至る病』の前編と後編とを分けた根本的な視点の変更もこの「神の前」という視点であった。彼は言う「罪とは、神の前で、あるいは神の観念をいだきながら、絶望して自己自身であろうと欲しないこと、もしくは、絶望して自己自身であろうと欲することである。……重点は神の前でというところに置かれている」（「死にいたる病」桝田啓三郎訳、『世界の名著40「キルケゴール」』514頁）。

## (3) 現代人の「良心」意識の問題

現代ヨーロッパでは世俗化の影響によって宗教が無視されるようになり、その結果、今まで論じてきた三分法のなかの「霊」が現実には無視され、ほとんど自覚されない内容になった。この点を理解するために同時代のフランドルの画家ブリューゲル（Pieter Bruegel(Brueghel) de Oude, ca.1525/30 - 1569）の幻想画「バベルの塔」（次頁写真）を参照してみよう。この塔は上部が欠けた円

錐形で描かれているが、実は欠けているところが「霊」に相当し、その下部が魂と身体になっている。霊の部分の損傷は激しくその痕跡がわずかに残っているところがきわめて象徴的である。霊はあるにはあるがその残滓《ざんし》だけなのである。この事態が有する意義を現代の哲学史家フランクリン・バウマー（Franklin L. Baumer, 1913 - 1990）は『西欧思想の主流』という書物でとりあげ、現代における二つの世界大戦以降のヨーロッパの思想的境位を形容するのに Truncated Europe という言葉を使っている。truncate とは「切り取る」「円錐などの上部を切断する」という意味である。したがって「頂点が切り取られた円錐」（a truncate cone）こそ20世紀の世界像、つまり世俗化された近現代のヨーロッパ思想の全体像なのである（F. L. Baumer, Main Currents of Western Thought, 1978, p. 653.）。

この円錐の上部を切り捨てた20世紀の時代思潮の特徴はバウマーによると「喪失感」、「超越性の存在への信仰の喪失」であり、そしてこの「喪失感」は、実存主義文学の中の随所に見られ、やがて「不条理」(absurd)「疎外」(alienation)「不安」(anxiety)によって示される(金子晴勇『ヨーロッパ人間学の歴史』知泉書館、2008年、188–189頁参)。

さて、この「霊」概念はルターの場合には「信仰」と同義に解されていたが、信仰は何を信じるかという「信仰対象」を意味するばかりか、「信仰作用」をも意味し、それによって信仰対象が信じられる主体の側での働きをも意味する。信仰対象は神の存在とその教え、つまり教義であるが、信仰する作用つまり信仰の内的な機能は人間の心の働きである。

ところで信仰対象はキリスト教の教えであって、それは「イエスがキリストである」という宣教内容を含む教えを指しており、歴史上ニカイヤ(325年)・カルケドン(451年)公会議によって定められた信条、とりわけ「使徒信条」として示される。これはその後変わらないキリスト教の教義である。ところでこの信仰の第一の側面は理性的にある程度は伝達できるのに対し、信仰の第二の側面は単なる人間の知力では把握できず、どうしても信仰の霊的な理解作用に頼らざるをえない。また教義はそれ自体変わらないとしても、信仰作用のほうは歴史の経過とともに絶えず変化してきた。そこに個々人の信仰の主体的な真理が霊性の作用によって豊かな歴史的な展開を見せている。

教義は理性によって理解し伝達することが可能であり、ルターやカルヴァンの教義学的理解はその後の歴史によって理解され、一般に普及されるようになった。しかし、教義の背景にある経験のほうは、つまり「霊性」の伝達と継承が困難であった。そこでわたしたちはすべての人が本性的にもっている「良心」現象を採り上げ、これによってキリスト教の霊性を正しく認識するように試みたい。

# 第1章　日本人の恥の意識と良心

文化人類学者ルース・ベネディクト（Ruth Benedict, 1887 - 1948）の『菊と刀——日本文化の型』は日本文化に対し多くの問題提起をなし、今日にいたるまで活発な議論を巻き起こた。その問題点の一つに日本文化を「恥の文化」と規定し、それに対し西欧およびアメリカの文化を「罪の文化」として対立させ、鋭い批判を行ったことがあげられる。この問題点をめぐって多くの論著が発表されたことは周知の事実である。その中には学問的にも優れた解明が提示され、わたしたちの自己理解に資するところの大きい見解が見られる。わたしは「恥」と「罪」とを分離するベネディクトの見方の正しさを認めるとともに、両者の連続面を良心現象の分析によって明らかにすることができると考える。

## (1) 恥の文化と罪の文化

ベネディクトは「罪の文化」を良心の啓発によって立つ文化とみて恥の文化と対比しているので、この考えに最初はしたがい「恥と良心」の対立的側面の考察からはじめて、両者の積極的な内的繋がりを解明してみたい。そこで両者の対立についての彼女の次の発言にまず注目してみよう。

さまざまな文化の人類学的研究において重要なことは、恥を基調とする文化と、罪を基調とする文化とを区別することである。道徳の絶対的標準を説き、良心の啓発を頼みにする社会は、罪の文化guilt cultureと定義することができる。しかしながらそのような社会の人間も、例えばアメリカの場合のように、罪悪感のほかに、それ自体は決して罪でない何かへまなことをしでかした時に、恥辱感にさいなまれることがありうる。……罪を犯した人間は、その罪を包まず告白することによって、重荷をおろすことができる。……恥が主要な強制力となっているところにおいては、たとえ相手が懺悔《ざんげ》聴聞《ちょうもん》僧であっても、あやまちを告白しても一向気が楽にはならない。それどころか逆に悪い行ないが「世人の前に露見しない限り、思いわずらう必要はないのであって、告白はかえって自ら苦労を求めることになると考えられている。したがって、恥の文化shame cultureには、人間に対してはもとより、神に対してさえも告白するという習慣はない。幸運を祈願する儀式はあるが、贖罪《しょくざい》の儀式はない。

(ルース・ベネディクト『菊と刀――日本文化の型』教養文庫、257頁)

ベネディクトはこのように「罪の文化」と「恥の文化」を規定した。だれもこの考察の正しいことを疑いうるものはないであろう。恥の文化が強力にわたしたちの間に支配してきたのは、日本の歴史的・地理的条件によると考えられる。四方を海に囲まれて、外敵の侵入も少なかった日本では社会変動が緩慢で、しかもわずかであり、社会の外的枠はそのまま保存しながら、内部調整によってたえず改革を実行することができた。さらに、何よりも超越的人格神との出会いの経験が欠如していたため、内面的な罪の自覚が乏しく、社会的制裁という外面的強制によって道徳が形成されてきた。「恥は他人の批評に対する反応である」とも言われているように、世評、世間体、外聞にもとづいてコントロールされる行動様式は、恥辱感を原動力にしている。これに対し、他人がいなくとも、自らの良心に照らして行動するのが、罪と良心による行動様式である。ベネディクトはこの点を次のように説いている。

ところが、名誉ということが、自ら心中に描いた理想的な自我にふさわしいように行動することを意味する国においては、人は自分の非行を誰一人知る者がいなくても罪の意識に悩む。そして彼の罪悪感は罪を告白することによって軽減される。(前掲訳書、258頁)

罪は他人が見ていないところでも「理想的自我」によって低次の自己が裁かれている場合に生じている。「誰一人知る者がいなくても」罪を感じるというのは、理想的自我である良心がわたしの行動を見張っているからである。ヨーロッパ精神史上はじめて良心概念を意義深いものとして用いたストア派のセネカは次のように言っている。「人々も知らないし、神々も見過すであろうと分っていても、今までわたしは罪を犯そうとは思わなかった」(このセネカの言葉の出典にはさまざまな推測がなされているが、直接の出典箇所は不明である。わたし自身はルターが引用しているのによって知った。WA. 56, 236. 注29を参照）と。またカントは恥とはならない不道徳をも戒めて次のように言う。「わたしはたとえすこしも恥を招くようなことがないにしても、嘘をつくべきではない」（I. Kant, Grundlegung zur Metaphysik der Sitten〔Phil. Bib.〕S.66. 現行の邦訳では「恥」が不明確になっている）と。つまりわたしが良心に目覚めているなら、だれひとり見ているものがなくても、自分が見ており、わたしの悪行を知っているのである。

ところが日本人の一般的な行動は個人の内面性よりも、社会的規範に対する意識が強く働いており、良心は一種の忠誠心といったものとなっている場合が多い。たとえば田中角栄時代の航空機についての疑獄（ロッキード事件）によってこの点が明瞭になった。日本人は上役や会社への忠誠心を重んじているため、その行動でも忠誠心が重要な役割を演じていて、国会で良心にもとづいて誓約しておきながら、平気で偽証をしてしまう。これに反し同じ事件に係わったアメリカ人の証言は、人目をはばからず、真実をすべて告白し、驚くべきことに著書まで出版して公開したようである。また、わたしたちの間では汚職事件等が集団でなされる場合も多く、「赤信号みんなで渡ればこわくない」といった生き方が定着し、良心を麻痺させる現象が顕著に見られる。

ところで恥の形態のなかにも後に詳しく述べるようにさまざまな形式があって、単に社会的規範や習俗が外的に強制したり、支配したりして生じるだけでなく、主体的自覚からも生じている。

この「自恥」とか「私恥」とか呼ばれる恥の形態は、ヨーロッパでも「恥を知りなさい」という言葉で表現されている。しかしそれは「他人と較べて見て」という意味ではなく、その人自身の主体性に向けて語られる。たとえば「心に深く恥じなさい」(Schmen Sie sich bis ins Herz.) という言い方は、恥が心、つまり良心の方向に向かって深まっていることを示している。このように恥と良心は内的な関連をもっているから、ベネディクトのように両者を対立的にのみ考えることは正しいとはいえないであろう。

## (2) 恥と良心との関係

日本文化が恥の文化として罪と良心の文化に対立して説かれて以来、恥と良心とを排他的に見る傾向が見られるが、そのことは果たして正しいであろうか。排他的契機はたしかに認められなければならないとはいえ、両者の内的な関連性、もしくは連続性の契機をも同時に認識しなければならない。恥と良心が分離しがたく結びついている古典的な例を二、三あげてみたい。

**アダムの堕罪物語**　まず創世記第3章のアダムの堕罪物語をとりあげてみよう。聖書によると人間は「神の像」としての高い地位をもって造られたが、神に反抗する恐るべき欲望をもち、神が禁じていた「木の実を食べること」を実際行うとアダムは羞恥《しゅうち》を感じた。つまり罪は初め羞恥として感じられたのである。すなわち「すると、ふたりの目が開け、自分たちの裸であることがわかったので、いちじくの葉をつづり合せて、腰に巻いた」（3・7）。ここでは羞恥が神との一致した生き方から離れて、つまり神の像としてのあり方からの転落として現象する。したがって恥は神との一致が破られたことの全人格的反応として起こった。しかし、このような分裂した自己をもう一度反省することによって自己内分裂が良心のやましさとして感じとられてくる。聖書は恥を神と人との根源的統一の分裂として、存在全体をあげての直接的な反応として捉えている。現代の注目すべき神学者ボンヘッファー（Dietrich Bonhoeffer, 1906 - 1945）はこの点を次のように説いている。

人間は、恥によって、自分が神とほかの人間から分裂している存在であることを思い起こすのであるが、良心は人間の自分自身との分裂のしるしである。良心は恥に比べて根源からより遠く隔たっている。それは、神との、またほかの人間との分裂をすでに前提し、そこで初めて、すでに根源から分裂している人間の自分自身との分裂をきわ立たせる。

（『現代キリスト教倫理』森野善右衛門訳、194頁）

このように聖書は恥を心で感じる根源的なる現象として捉え、良心を自己内反省として把握することによって恥と良心の関連を明らかにしている。

## オレステイア三部作

次にギリシア悲劇作家アイスキュロス（Aischylos, BC. 525 - 456）のオレステイア三部作を見てみよう。そこには良心にあたる言葉は用いられていないが、それと同じ事態が言い表わす表現が多く用いられた。たとえば『供養する女たち』の中のオレステスとその母クリュタイムネストラの対話を見ると、オレステスは家から追いたてられ、自由を失い、得たものは恥のみであると言う。「恥です。あなたにはっきり言って責めるのも」とある。彼は母親がその夫を殺害したことで恥を蒙ったことを母に責めたてている。だが、『慈しみの女神たち』で展開するアテナ女神の前での弁明を読むと、アポロンの命令によって、もし父の復讐をしないなら「心を突き刺す針の呵責」を負わねばならないと定められていたことがわかる。そうするとオレステスは恥のゆえに母を責めたて、恥を負わせた母を殺害せよとの命令に服さないとアポロンによって良心の呵責を負わねばならないという怖るべき窮地に立っていたことになる。しかも母を殺してからは復讐の女神エリニュスの霊にさいなまれ、「一度流した母親の血は、もう元へ還せない」という強迫によって修復不可能性に立つ良心の苦悩に陥っている。こうしてオレステスの悲劇は「恥と良心の悲劇」としてアイスキュロスにより描かれていたといえよう。

**プラトンとクセノフォン**　プラトン（Platon, BC. 427 - 347）の著作『ソクラテスの弁明』にも恥と良心が述べられている。ソクラテス（Socrates, B. C. ca. 470 – 399）はアテナイ人に向かって偉大なポリスの民にふさわしくない行動や生活の仕方を「恥」としてくり返し説いた。またダイモーンの声についても語っている。この声を本書の第2章第5節で後述するように「警告する良心」とみなすならば、恥と良心が共に語られていることになる。確かに恥と良心との積極的な関連は、『饗宴』におけるアルキビアデスの言葉のなかにも表明される。彼はソクラテスの前に立つと、自己自身のことに配慮するのを忘れて国事にたずさわる誤りを恥として良心において感じると言う。

それにまた僕は、この人に対してだけ、人に対して恥ずかしいという気持——こういう気持が僕のなかにあるとは、まさか誰も思いはしないだろうが——その恥を知る気持を味わったのですし　いや、まったく、この僕ともあろう者が、ただこの人に対してだけは、ああ恥ずかしいと思う。それというのも、一方では、この人がせよとすすめることなどは、しなくてもよいと反駁もできないし、かといって他方、この人を離れれば、世の人びとの評判にすっかり負けてしまう——そういう自分の姿をよく自覚しているからなのだ。

（『饗宴』森進一訳、新潮文庫、112頁以下）

クセノフォン（Xenophon, BC. 430 - BC. 354）が伝えるソクラテスの最後のことばも「恥」を「罪」と同義的に使って自己の心中を述べている。「しかしながら、もしわたしが罪なくして殺されるならば、正義を無視してわたしを殺した人々に、この行為の恥がきせられるであろう。〔なんとなれば、不正が恥であるならば、正義にそむいた行為がどうして恥でなかろう。〕しかしながら、人がわたしの正義を知ることもできず、わたしに正義を示すこともできないのが、わたしにとってなんの恥であるか。わたしは古えの人々が、不正を加えた者と加えられた者とでは、後代の人々に決して同じ名を残していないのを見ている」（『ソークラテースの思い出』佐々木理訳、岩波文庫、246頁）。

恥はこの文章で二重に理解されている。第一に、ソクラテスの前での自己意識として捉えられ、第二に、ソクラテスを離れると社会的評判という社会的規範のとりことなり、それに負ける恥として捉えられている。前者は「自恥」に、後者は「公恥」に属する（本書第4節参照）。そしてそのような恥ずべき自己を「よく自覚している」と述べられ、「自覚している」（シュンオイダ）と「良心」（シュネデイシス）とは同義的に用いられる。こうして「恥」が「良心」のもとで反省的に感じとられている。ここでも恥の方が良心よりも根源的な現象となっており、先述の創世記第3章と同一の事態を示す。

## アウグスティヌスの『告白録』

このような例は数多くあろう。そこでもう一つアウグスティヌスの『告白録』から恥と良心との関係を示す事例をあげてみたい。彼はこの書物のなかで「心」を意義深い概念として用いているが、この心が神や理想的な人物を前にして自己のうちに反省を深めるとき、「良心」の概念を用いている。そして恥も良心現象のうちに含めて表明され、自らの恥ずべき状態が良心的反省の対象になる。なかでも同郷の知人ポンティキアヌスが模範的修道士の話をしたとき、アウグスティヌスは次のような激しい良心の呵責に陥った。

しかしついに、わたしが自分自身の前にまるはだかにされて、良心がわたしにむかってこのように面詰《めんきつ》する日がきたのです。……ポンティキアヌスが話をしているあいだ、私の内心はそのように責めさいなまれ、恐ろしい羞恥心にはげしくかきみだされていました。

(『告白録』8・7・18、山田晶訳)

模範的人物の前に立って良心はこのような反省をする。さらに良心の審判者なる神の前に立つ自己の反省も良心によって行なわれ、自分の恥ずべき状態についての反省が次のように記されている。

神なる主よ、わが良心の審判者よ。わたしの心も想い出も御前にあります。あなたはその当時、ひそかにかくれた御摂理によってわたしをみちびき、自分の恥ずかしい誤謬をわたしの目の前につきつけ、見て嫌悪の心をおこすようにしてくださったのでした。（前掲書5・6・11）

これらの事例からも明白になっているように、恥は良心よりもいっそう根源的な現象であって、神や自己の本来的在り方との統一が分裂していることの全身的反応もしくは分裂の状態そのものであって、この先行する生の現実についての反省として良心の現象が後から生じてくる。したがって恥と良心を分離する観点は、恥が外面的習俗や評判に向かっているかぎりでは正しいとしても、心の内面に向かって反省しているかぎりでは誤りであるといえよう。そして日本人の場合には恥が外聞や世間体に向かう傾向が著しいのであって、この限りにおいて恥が良心を麻痺させたり窒息させたりすることが現に生じている。

次にこのことを漱石の作品『こころ』を手がかりにして明らかにしてみたい。

## (3) 漱石の『こころ』

ヨーロッパの風土では恥から良心への展開がみられたのに対し、日本人の心の働きでは恥が良心の運動を抑止する傾向が顕著に見られる。夏目漱石の『こころ』によってこのことを明らかにしてみよう。

この作品で恥は一般に性的羞恥心として頻繁に用いられた。主人公の「先生」の精神的志向が高ければ高いほど、身体的欲望が無自覚のうちにも羞恥を起こすといえよう。また恥は社会的な領域でも用いられ、「私は自分で自分が恥ずかしいほど、きょときょと周囲を見回していました」と表現される。周囲や世評、外聞や世間体《せけんてい》を重んずる心は日本人特有の恥の形態である。恥は「心」の「耳」と書くが、その耳が内に向かわないで外の声に向かって傾くところに日本的心性が顕著に現れる。さらに恥は他者の前に立ちながらも自己に向かう、内面的な自己認識にいたり、ほとんど良心と同じ意味で用いられる場合もある。それは「先生」がその友人Kに対してもつ恥の場合である。

彼と私を頭の中で並べてみると、彼のほうがはるかに立派に見えました。「おれは策略で勝っても人間としては負けたのだ」という感じが私の胸に渦巻いて起こりました。私はその時さぞKが軽蔑している事だろうと思って、一人で顔をあからめました。しかし今さらKの前に出て、恥をかかせられるのは、私の自尊心にとって大いな苦痛でした。(夏目漱石『こころ』)

ここで恥は「自尊心」を傷つけるものとして理解されている。自尊心は自分の品位を尊ぶ心であって、それを傷つける恥は、良心現象と同質であるといえよう。大西祝《はじめ》（1864 - 1900）はその『良心起源論』で自尊心と恥と良心の三者の関係について次のように語っている。

又他人の毀誉褒貶《きよほうへん》を受くる者に於て、若し毫《ごう》も自身の品位を重んずるの心なく、自身の品位より見てそのやうに行うべき筈のもの、爾《し》か行はざるは我が保つべき品位より見て一段下れるものなりと思ふの心なくば、如何にして我名を惜み我に不似合《ふにあい》なる卑劣の行為を恥づるの心を生ずべきぞ。而してその如くに卑劣の行為を恥ぢて自身の品位を重んずるの心には、既に予輩の所謂《いはゆ》る良心の心識《しんしき》を傾定し居るにはあらざる乎。（『良心起原論』129頁）

大西は自己の品位を重んじる心を良心とみなし、卑劣を恥じる心がそこから生じるという。こういう恥は良心と同質であるといえよう。さて『こころ』の場合、「先生」の自尊心は実行した卑劣な行為のため恥によって打ち砕かれ、良心の罪責感から解放されるためには、どうしても自己の行為をKの前で罪として告白しなければならない。彼がKに告白すべきだという良心の告白衝動は強かったのであるが、日本人特有の「恥の隠蔽作用」によって抑止されてしまう。漱石はこの恥と良心の動的関連を実に見事にとらえた。Kには偽って病気であると言いながら、ひそかに求婚し、外出してから下宿に帰ってきて、Kに会ったときの状況が次のように語られる。

Kに対する私の良心が復活したのは、私が宅の格子をあけて、玄関から座敷へ通る時、すなわち例のごとく彼の室を抜けようとした瞬間でした。彼はいつものとおり机に向かって書見をしていました。彼はいつものとおり書物から目を放して、私を見ました。しかし彼はいつものとおり今帰ったのかとは言いませんでした。彼は「病気はもう癒《い》いのか。医者へでも行ったのか」と聞きました。私はその刹那に、彼の前に手を突いて、詫《あや》まりたくなったのです。しかも私の受けたその時の衝動は決して弱いものではなかったのです。もしKと私がたった二人曠野のまん中にでも立っていたならば、私はきっと良心の命令に従って、その場で彼に謝罪したろうと思います。しかし奥には人がいます。私の自然はすぐそこで食い留められてしまったのです。そうして悲しい事に永久に復活しなかったのです。

良心の復活は「刹那」の出来事であった。それは日常性を突き破って襲ってくるものであった。「いつものとおり」が三回くり返されて日常性を示すが、その終わりには良心の呼び声によって日常性の突破が生じようとした。あざむかれているKは友のあざむきも知らないで親切な言葉をもって呼びかける。Kのこの真実が「先生」の卑劣な心を照明し、白日のもとにさらけだした。この瞬間に「先生」の良心は強い衝撃を受けて、復活したのである。そこで良心の告白衝動がほとばしり出て、Kに謝罪すべきであった。ところが、「奥には人がいます」という対社会的な意識が間髪を入れず生じてきて、周囲の人々への気遣い、世間体を重んずる心、つまり恥が良心を抑止している。ここに良心は「私の自然」として語られても、その強い発動が食い止められてしまう。

したがって友人のKが自殺したときも、良心の照明を受けながらも、世間体を気づかうことがもう起こっている。良心の照明は「黒い光」として次のように述べられている。「もう取り返しがつかないという黒い光が、私の未来を貫いて、一瞬間に私の前に横たわる全生涯をものすごく照らしました」と。「もう取り返しがつかない」というのは良心現象に特有の「修復不可能性」をいう。この良心の照明も「一瞬間」の出来事であり、恐怖のうちにKの遺書を読んだあとには、またも消えゆく運命となる。「まず助かったと思いました。（もとより世間体の上だけで助かったのですが、その世間体がこの場合、私にとっては非常に重大事件に見えたのです）」。この世間体をはばかる恥の形態がここでも良心の発動を隠蔽している。しかし、ある時の良心の発動は強かったため、恥をつき破るほどの破壊力をもっていた。それは友人の死を「奥さん」に知らせたとき無意識のうちに自然にほとばしり出たのである。

その時私は突然奥さんの前に手を突いて頭を下げました。「済みません。私が悪かったのです。あなたにもお嬢さんにも済まない事になりました」とあやまりました。私は奥さんと向かい合うまで、そんな言葉を口にする気はまるでなかったのです。しかし奥さんの顔を見た時不意に我とも知らずそう言ってしまったのです。Kにあやまる事のできない私は、こうして奥さんとお嬢さんにわびなければいられなくなったのだと思ってください。つまり私の自然が平生の私を出し抜いてふらふらと懺悔の口を開かしたのです。

このように「私の自然」である良心が恥の意識の強い「平生の私」を突破して罪の告白をなさしめたのである。つまり良心は恥の中にも働いていて、無意識のうちにも恥を突き破ろうとする。こうして一瞬間ではあっても良心は照明し、真実な自己の認識にいたらせる。しかし、すでにKがこの世にいないため、彼を傷つけた罪の告白はなしたとしても、どうして彼に対する十分な償いがなし得るであろうか。結局、十分な償いができないことを知るや、自分で自分を罰する自殺のみが残ることになった。このようになったのは「先生」が全身をもって償いの行為をせざるを得ないと感じたほど倫理的に厳格な良心の持ち主であったからである。

## ⑷ 恥の三形態、公恥・自恥・羞恥

これまでの考察によって明らかとなったように、ひと口に恥といってもいくつかの形態があって、良心と同じ内容のものもある。ルース・ベネディクトも恥にはさまざまな形態があることを知っていたが、日本人の場合には世間体や外聞を重んじる傾向が著しい点を強調したのであった。

**公恥と私恥**　このベネディクトの視点を社会学者作田啓一（1922 - 2016）はマックス・シェーラー（Max Scheler, 1874 - 1928）の羞恥現象の理論を媒介にして批判し、恥を「公恥」と「私恥」に分けるべきであると主張した。彼は罪と恥とを行動を統制する規準の相違から説明し、罪は規準設定者（親・教師・神など）に向かい設定者の立てた法を逸脱することによって生じるが、恥の方は同じ所属集団に属している仲間との比較によって起こると言う。このように恥には仲間と比較して劣位を感じるときに生じる形態がまず考えられるが、それとは別にもう一つの形がある。それは所属集団のなかでは恥を感じなくとも規準設定者およびその集団に対してその志向とくい違うため恥を感じる場合であって、所属集団のなかにいながら、一人で恥辱感をいだく。前者が「公恥《こうち》」といわれ、後者が「私恥《しち》」といわれる。「公恥は準拠集団（規準設定者）なしに成立するが、私恥の経験者はなんらかの集団に準拠すると同時に、現実には必ずどこかの集団に所属している。公恥にではなく、私恥に、〈志向のくい違い〉が伴いやすいのはそのためである。そして〈志向のくい違い〉はベネディクトのネグレクトした側面であったから、私的な恥は彼女にとって問題とはならなかった」（作田啓一『価値の社会学』301頁）。

このように恥を公恥と私恥とに区別するこの観点は優れたものといえよう。しかし、この区別は社会学的視点から与えられたもので、所属集団への志向と準拠集団への志向のくい違いということから成り立っている。「志向のくい違い」ということから羞恥《しゅうち》現象を説明したのはシェーラーであるが、これは一人の人間の内部でのくい違いよりも、二人の人間の間でおこるものであった。もちろん他人の志向が自分の志向とくい違うというのは自分の心で感じとられるのであるから、所属集団から見れば「私的」であろうが、準拠集団の側から見れば、それは私的性格が失われることになろう。

この問題は二つの集団に属していることよりも、集団が個人を規制する規準であろう。所属集団は社会的習俗をもって個人を規制する。その仕方は外的制裁をもって個人にのぞむ。他方、準拠集団の場合は外面的習俗よりもいっそう内面的な価値をもってのぞむ場合が多い。後者の場合には内面的な自我理想を心のうちに形成し、自己の理想像に規準をおいて、そこに達していない現実の自己を劣ったものと感じる。これは「私恥」と区別して「自恥」というべきものであろう。

自恥《じち》は他人がどのように判断しようと、ときに称賛しようとも、自らの理想に照らして劣っていると感じるときの恥の形態である。

そこでベネディクトが「日本人の生活において恥が最高の地位を占めているということは、恥を深刻に感じる部族また国民がすべてそうであるように、各人が自己の行動に対する世評に気をくばるということを意味する」（前掲書、259頁）というとき、恥をもっぱら公恥として理解しているといえよう。

確かに日本人がこの傾向をもっていることは真実である。しかし、漱石の『こころ』の主人公によっても明らかなように、世評や世間体を重んじ、良心を抑止する傾向は顕著に見られるが、彼が苦しんでいたのは自己の卑劣な行為であって、その卑劣さは自己の自尊心を規準にして感じとられている。「わたしはその時さぞKが軽蔑している事だろうと思って、一人で顔をあからめました。しかし今さらKの前に出て、恥をかかせられるのは、わたしの自尊心にとって大いなる苦痛でした」とそこには述べられている。「一人で顔をあからめる」とはKの前で恥をかく以前に自分の理想に従って感じる「自恥」である。自恥は自己が本来の理想の姿と比較して劣位者であることによって感じとられているが、良心は現実の自己を理想（あるべき姿）にしたがって審判する。だから、自恥からは劣位の意識（劣等感）が生じても、罪の意識は生じないといえよう。

公恥が所属集団に向かう社会習俗によって支配されていたのに対し、私恥が準拠集団との私的関係において、内面化を進行させていたのに対し、自恥は私恥よりもいっそ内面化が進んだ段階を示している。こうして恥は対社会的意識形態のみならず、自己意識の形態をとっても現象し、いっそう自律したものとなっている。

**羞恥感情**　次に恥の第三の形態である羞恥について考えてみたい。羞恥はアリストテレス(Aristotelēs, B. C. 384 - 322)によって青年ならともあれ大人では好ましからざる徳と考えられていた。

この情念はあらゆる年齢にふさわしくはなく、若年者にのみふさわしい。けだし、この年齢のひとびとは情念によって生きているため多くの過ちを犯すのであるが、羞恥によってそれが妨げられているのだからして、差恥的であることを必要とすると思われる。で、われわれは若年の羞恥的なひとびとを賞讃するわけであるが、しかし年輩のひとが恥じ入るたちのひとだからといって、何びともこれを賞讃はしないに相違ない。けだし後者は恥辱の生ずるごとき行為をそもそもなすべきではないと思われるからである。すなわち羞恥は、あしき行為について生ずるものである以上、よきひとに属するものとはいえない」。

(『ニコマコス倫理学』高田三郎訳、第4巻9章)

しかし、この羞恥のもつ優れた意義をはじめて明確に説いたのはシェーラーのすぐれた業績といえよう。羞恥は、人間のなかで精神と身体、霊と肉、永遠と時間、本質と実存が触れ合うところで、両者の「過渡」として現象するが、このような橋渡しのない神や動物には羞恥は存在しない。「われわれの存在が生物学的目標よりも高次の世界のために使命を負うていることを羞恥心は指し示している。高次なものとして授けられた天職がそれに反抗する傾向性によって挫折するとき、そこにつねに羞恥心が現われる」(「羞恥と羞恥心」浜田義文訳『シェーラー著作集15』白水社、137頁)。つまり羞恥心をいだくというのは、より高い存在へ向かう傾向が実現しないときなのであって、羞恥心が強いほどその人の志向も高いし、資質もすぐれたものであることになる。こうしてシェーラーにおいてはアリストテレスの羞恥に対する評価と正反対の結果が得られるようになった。

この羞恥感情をシェーラーは現象学的に説明して、二つの本質的契機をそこに捉える。その第一は「自己へのかえりみ」である。一例として火事場での母親があげられる。「たとえば、火災のさいにわが子を救出しようとする母親は、スカートもはかずに肌着や裸のままでさえも家から飛び出すであろう。しかし助けられたと知って、わが身をかえりみるや否や、羞恥がおこる」(シェーラー、前掲訳書、30頁)。このように外に向かう志向が非常に強くなり、自分自身に対する意識が全くなくなってしまう。しかし、その後「自己へのかえりみ」が起こるとき、羞恥感情が生じる。
次にこの「かえりみ」の中に志向性のくい違いが気づかれるときに羞恥感情が起こると、シェーラーは指摘する。例えばモデルや患者や女主人はそれぞれ画家・医者・召使いによって身体を見られても羞恥を感じない。それは彼らが美的現象・症例・主人として一般的に客観化して見られているからである。しかし画家や医者や召使いが個人的関心から恋愛の対象としてこれらの女性を見るや否や、それが感づかれると、女性は自己への「かえりみ」によって羞恥心をいだく。シェーラーはこの現象を次のように総括している。

このことは次のことを意味する。すなわち、そのダイナミックスの中で羞恥が始まるところのあの自己への「かえりみ」が生じるのは、人びとが自分を一般者として「与えられた」と知る場合でも、また個として「与えられた」と知る場合でもなくて、感知される他人の志向が個体化的意図と一般化的意図とのあいだで動揺する場合であり、自分の志向と〔自分によって〕体験された相手の志向とがこの相違に関して同一方向ではなく反方向をとる場合である、ということである（前掲訳書、22―32頁）。

一般化と個体化との志向のくい違い、もしくは志向のずれから羞恥をこのように把握した創見《そうけん》

(今までにない、新しい見解。)は見事というべきであろう。先のモデルの場合は一般化の志向から個体化へ移るとき羞恥が生じたが、恋人同志の場合には共に個体化から出発し、他の人との比較が入って一般化の志向が感じられると、この志向のずれから羞恥が生じる。

しかしシェーラーは羞恥心の基本構造をさらに探求していって、羞恥心が真の愛の助手となっているという。というのは羞恥は個人の自己自身へのかえりみで発生するが、この自己感情はさまざまの欲望に対する「個人としての自己防衛の必然性から出た感情」であるといわれるように、低次の欲動に対抗する高次の価値選択に向かう緊張である。というのは身体的羞恥にせよ、精神的羞恥にせよ、低次の欲動(性欲動と生命欲動)と高次の愛(性愛と精神的愛)との緊張から人間の心は構成されており、前者のみが相手によって引き寄せられると、後者の「真の愛」が自己防衛を起こし、「志向のくい違い」に気づかせる。ここから羞恥心が起こってくるからである。このようにして「羞恥はいわば蛹《さなぎ》を被う繭《まゆ》であって、その中で蛹がゆっくり成長することができる」。だから愛する人は女性の羞恥に逆らっては何事をもなしえないのであり、「彼の愛の表現のみが(相手から)応答愛を高めることによって羞恥を正当な仕方で取り除くことができる。しかし彼の欲動活動の発現ないし展開はけっしてそうすることはできない」(前掲訳書、66頁)。

このような羞恥現象の分析をわたしたちはシェーラーの本来的意図にもとづいてもう一度考え直してみよう。彼は「高次のものとして授けられた天職がそれに反抗する傾向性によって挫折するとき、そこにつねに羞恥心が現われる」と述べていた。また彼によると人間は精神と身体、永遠と時間にまたがる存在であり、全存在をあげて高次な存在に向かわない場合に羞恥を感じると言う。この羞恥は独特のかえりみによって志向のくい違いを起こすことで現象してくる。もしそうなら羞恥は、人間がその本来的存在から頽落したときにそれを阻止する自己防衛の感情であるといえよう。したがってアダムとエバが羞恥を感じたというのは、神の戒めに対する違反行為によって、神と人との本来的統一が破壊されて、両者の志向におけるくいちがいを感受したことによると考えられよう。こうして、神との精神的一致がアダムの違反行為によって破られたとき、身体的にも男女は相互に羞恥を感じるようになった。だが、この羞恥は志向のずれと分裂とを自覚することによって「真の愛」を回復させる「愛の良心」であるといえよう。ここに羞恥の反省から良心への移行が生じている。

こうして羞恥は恥の第三の形態として人間相互の、神と人間との、人格的統一を根源的に目ざす働きであることが知られる。

## 要約

わたしたちは恥の三形態について学んだところを要約してみよう。公恥としての恥は世間体や外聞という社会的習俗に向かって感じられる自己の劣位の感情であった。公恥が内面化すると私恥となるが、内面化がいっそう進んで自律的になってくると自らの品位に照らして現実の自己が劣っているという自恥の現象があらわれる。これは倫理的な恥といえよう。それに対し羞恥は他者との志向のくい違いで発現してくるが、人と人および神と人との人格間の統一が分裂を起こすと、この自覚を良心を目覚めさせ、やがて本来的自己の回復を求める主体的な宗教的な次元に立ち向かうことが起こってくるといえよう。たとえばカルヴァン(Jean Calvin, 1509 - 1564)は恥が名声への気づかいから生じていても、その由来を自分の倫理的正しさ、さらに義を尊ぶように生まれついているという自覚に求め、こういう自己理解の中に「宗教の種子」が含まれているという(『キリスト教綱要』I, 15, 6. Pudor in quo inclusum est religionis semen.)。こうして恥の三形態、すなわち公恥・自恥・羞恥は社会的・倫理的・宗教的な三段階の発展的プロセスをとって発展的に成立してくるといえよう。

次にこの三段階を実存の三段階として把握し、恥の直接態からその対自(反省)態である良心の自覚に向かってこの三段階をいっそう明確にすべく試みてみたい。

## (5) 良心と実存の三段階

恥から良心の現象に進むと、恥の現象のもとで予想された三段階がいっそう明確になってくる。というのも恥は心身の全体をもって直接的に感得されるものであるのに対し、良心は意識化が反省作用によっていっそう進んでいるからである。良心の三段階をはじめて明らかに説いたのはルターであり、良心学説史上特記すべきことである。彼は神学者として教義と良心との相関を確立したばかりか、良心を単に個別的行為に関わらせる道徳主義の立場から人間存在の人格的中心を示すものへと転換させた。この点でショーペンハウアー（Arthur Schopenhauer, 1788 - 1860）の先駆ともなっている。ルターが良心を人間存在の中核とみなし、三段階的発展を説いたのは彼の人間学にもとづいている。そこで彼の人間学的三区分法についてまず簡単に説明しておこう。

**ルターの人間学的な三分法**　彼は人間を自然本性にもとづいて「霊・魂・身体」（Geist, Seele, Leib）に分け、「霊と肉」（Geist und Fleisch）という神学的性質による二分法と区別した。彼は『マグニフィカト』（1521年）で三区分について述べ、「霊は人間の最高、最深、最貴の部分であり、人間はこれによって理解しがたく、目に見えない永遠の事物を把握することができる。要約すれば、それは家であり、そこに信仰と神の言葉が内住する」（WA. 7, 550.）と言う。次の「魂」は本性上は霊と同じでも働きが異なるとし、「その技術は理解しがたい事物を把握することではなくて、理性が認識し推量しうるものを把握することである。だから、ここでは理性がこの家の光である」と言う。さらに「身体」については身体の働きは魂が認識し、霊が信じるものにしたがって「実行し適用する」にあると説いた（WA. ibid.）。

この三区分は「家」の表象で語られるが、これは『ヘブル書講解』で詳論されている「三つの部屋をもつ人間」に由来する。『マグニフィカト』の三区分法はさらにイスラエルの聖所の比喩により次のように述べられる。

この象徴のうちにキリスト信徒が描かれている。その霊は至聖所であり、光なく信仰の暗闇のなかにある神の住居である。なぜなら霊は見ることも感じることも理解することもないものを信じるからである。彼の魂は聖所である。そこには七つの光があり、それらは身体的可視的事物を理解し、判別し、知覚し、認識する一切の働きである。彼の身体は前庭であり、すべての人の目に明らかである。(WA. 7, 551.)

この聖所の三部構成、至聖所・聖所・前庭を良心現象に適応したのが、『良心を教導するための三様の善い生活についての説教』(1521年)である。三様の生活というのは前庭における外面的生活と聖所における心霊的生活および至聖所における聖霊の下なる生活をいう。そこにおける良心のあり方は次のように説明されている。

①聖所の前庭に集う良心は外的事物や宗教的儀礼に拘束された外面的人間で、「前庭的聖徒」と呼ばれる。この良心は外的規則にしばられ、それに少しでもはずれると、たちまち「良心の呵

責」に陥るが、外面的にそれを守るだけで「平然たる、やましくない良心」をたもち、まことに「厚顔」にふるまう。

②聖所は教会を指し、そこでは教義・行為・良心が真に善であるべく説かれ、謙虚・柔和・寛大・忍耐・平和・真実・愛・貞潔などの徳行が陶冶《とうや》（漢語で陶器や鋳物をつくりあげるという意味である。転じて、人間のもって生まれた素質や能力を理想的な姿にまで形成することをいう）され、反対に高慢・貪欲・不貞潔・怒り・憎悪などに対する戦いが求められる。ここでは倫理的な善い生活が良心によって営まれる。この聖所に入ってくる人のなかには敬虔を装って、倫理的徳によって報酬を獲る目的をもっている人たちがいる。これでは雇い人や奴隷の根性の持ち主であり、歓んで善をなす自由な子どもでも相続人でもない。倫理の基底をなす良心がそこで問題にされなければならない。

③至聖所を神は人間が犯した罪を贖うために建てたもうた。自己のみを追求する罪のゆえ、人は神の恩恵を求め、キリストの御名を呼び求めるとき、至聖所では聖霊が授けられる。ここでの宗教的良心について次のように語られている。

> 御霊がきたると、見よ、御霊は純粋で自由な、歓ばしい、敬虔な、やさしい心を造りたもう。このような心は報酬を求めず、罰を怖れないで、全く純粋で報酬を求めることなく正しい。ただ敬虔と義のためにのみ正しくあって、すべてを喜びをもって行なう。見よ、これが全く

善い教義、良心、わざを教えるのであり、至聖所に入ってゆき、聖壇に進ませる。これこそ地上で人間がなしうる最後のものである。(WA. 7, 801)

この聖所の比喩に見られる三領域は良心の三段階を示している。外的社会習俗から倫理を通って宗教へとその領域は展開する。しかも、「天上への道は良心の道である」と考えられているように、次第に内的に深まりゆく発展と宗教的に天上に向かう超越となる。彼自身、外的敬虔を装う生き方を捨て、倫理的徳によって善い生活をめざしたが、多くの試練を経て突き進んだ聖所の奥には神の栄光がみちており、聖なる神の前に立つ経験をしたのであった。したがってわたしたちはルターの良心論には社会的・倫理的・宗教的な三段階が存在することを確認できる。

### (6) キルケゴールの三段階説

次にこの三段階とキルケゴールの実存の三段階説とを比較してみよう。キルケゴールの実存の三段階説は一般には美的・倫理的・宗教的(AとB)三段階をとるものと考えられる。これは初期の著作『あれか、これか』や『人生行路の諸段階』にしたがった見方である。しかし『著作活動の視点』とか『現代の批判』では大衆から単独者と成るということが力説され、ルターにみられた良心の三段階と同じ方向性をもつようになった。つまり大衆化（水平化）現象は社会性にもとづいて生じるが、ここから単独者の立場へ向って脱出し、信仰によって神の前に立つ個人としての実存に達する。そしてこの単独者と成る生成の過程に倫理の段階と宗教の段階とが存在すると考えられた。

しかし、キルケゴールはルターの人間学と同じ三区分法が用いていても、「霊」の理解が相違する。『死にいたる病』で地下室・一階・二階から成る「人間という家の構造」について次のように言われている。「人間はだれでも、精神たるべき素質をもって創られた心身の総合である。これが人間という家の構造なのである。しかるに、とかく人間は地下室に住むことを、すなわち、感性の規定のうちに住むことを、好むのである」（『死にいたる病』桝田啓三郎訳「世界の名著40」473―474頁）。ここにキルケゴールの人間学的区分法が三区分として展開していることがわかる。「心身の総合としての精神」というのは、「身体」と「魂」の総合としての「霊」ということになり、ルター的三区分と同じ概念が使用されている。ところが「霊」、したがっての「精神」の理解がルターと相違する。ルターの「霊」は人間の人格の内奥にある場所として考えられ、神の言葉と信仰が宿る家とみなされていた。それに対しキルケゴールでは心身を総合する「精神」として「霊」が把握され、この精神としての霊は無限性と有限性、時間と永遠、自由と必然という関係のなかでそれらを総合する働きとなって活動する。この関係を通して神への関係が同時に彼によって考えられているが、実はこの神との関係こそ「良心」にほかならない。つまりキルケゴールは良心をもっぱら宗教的にとらえ次のように言う。

人間が良心をもつということはまさしく、人間が神と関係するということを意味し、単独者と神との関係こそまさに良心である（S. Kierkegaard, Gesammelte Werke, 19, S. 158.）。良心において神は人間を見つめたもう。その結果今度は人間の方があらゆる点において神を注視しなければならない。（S. Kierkegaard, op. cit., S. 413）

キルケゴールは良心を神との関係の意識とみて宗教的な意味で狭くとらえている。だが、それによって精神が心身を総合する際に、動揺し絶望に陥っている点を彼は神との超越的関係、つまり良心のもとでしっかりと固定化させることに成功している。

他方、キルケゴールからルターを見ると、神の言葉に対し信仰をもって応じるルターの「霊」はその都度の神の語りかけを聞いて従うため、彼には非弁証法的に映った。彼は言う、「ルターはディアレクティカーではなかった。いつも事態の一面のみを見ていた」（S. Kierkegaard, Pap. Xa 394. ヘルマン・ディーム『キェルケゴールの実存弁証法』佐々木一義・大谷長訳、216頁からの引用）と『日記』（キェルケゴオル選集 第13巻、大谷長訳）で批判している。

一例をあげるとルターはある説教で「世が汝らを嫌うことに驚くな」と説教し、次の週には謙虚を説いて、「人は謙虚でなければ、神にも人にも愛せられない」と語って、前の週に語ったことを忘れている、とキルケゴールは言う。そこにはキリスト教信仰に必然的にともなわれている困難さと躓きが取り除かれている。ここからルターの良心論に対する批判が次のように語られる。

だから、もし君たちがキリスト教的なものから躓きの可能性を取り去るか、或は君たちが良心のやましさの戦い（ルターの優れた説明によれば、ここへこの教えの全体が帰せられねばならないのである）から罪の赦しを解き放すなら、その時には君たちは教会を閉じるのが早ければ早いほどよい。でなければ、教会を終日開け放しになっている娯楽場にしてしまっているのだ。（ヘルマン・ディーム、前掲訳書、38頁）

キルケゴールも認めているようにルターは良心のやましさと罪の赦しを結びつけてはいるものの、そこでは良心のやましさが、神の恩恵にいたる一つの重要な契機として認められていても、恩恵にいたる原因なり根拠とはなっていない。したがって第4章で詳論するように、救済は良心において生じていても、良心に依存して成立していない。そのため非弁証法的であるとの批判も可能であるといえよう。しかし、キルケゴールは良心をもっぱら神との関係の意識に限定してとらえ、社会や倫理の領域を排除している。また宗教的真理の認識のために倫理的なるものの目的論的停止ということを説いているため、宗教が超道徳的となり、良心も同じ傾向を帯びてきている。これに対しルターも同じく道徳から宗教への連続性を断ち切り、その意味で超道徳的良心を説いているが、宗教・倫理・社会の三領域はそれぞれの真理契機によって肯定され、良心はこの全領域にまたがって全体として超越の運動を起こしている。そのため超道徳的良心のゆえに社会や倫理が排斥されないで、かえって新しく基礎づけられることになる。こうして「謙虚によって人に愛せられる」という道徳も肯定される。こういうルターの思想はキルケゴールによって非弁証法的であるとの批判を受けてはいるが、良心を宗教的領域でのみ考えるならば、この批判は妥当するにしても、宗教・倫理・社会の領域で良心の現象を解明できるならば、それはかならずしも妥当するとはいえない。

そこでわたしたちはヨーロッパ精神史において良心がどのように理解されてきたかを考察しなければならないであろう。とくに良心の宗教的性格がキリスト教によって深められてきたことをここに明らかにしてみたい。しかし、恥の概念は思想による反省のもとに深化することなくとどまり、多様な展開を見た良心概念の傍らに生ける直接性と情緒性を保ちながら歩み続けたのである。それゆえ、わたしたちは恥より良心の方に考察を移すことにしたい。

# 第2章　良心の現象　その1——社会的良心

恥の現象形態にも三つの基本的形態があったように、良心にもその歩みには三段階があるといえよう。ただ恥が心身の全体的表現であり、直接的な反応となっているのに対し、良心は反省的表現であるため、そこには思いわずらう思考を伴った応答となっている。この思考過程は比較的明瞭に示されているので、その現象も分析的にとりだすことが容易である。わたしたちは多様に表現されているこの良心の現象を考察の対象とすることで、良心が自己を反省しながらも、自己を超えて永遠者なる神に関係する歩みを明らかにしたい。

たとえばアウグスティヌスが心に不安を懐きながら、神に出会うことによって不安を解消したように、わたしたちも心を永遠者に向けることができる。そこには「神への対向性」(ad Deum)が認められ、「他者につながる知」としての良心が見いだされる。

わたしたちもこの良心の歩みを各人に与えられた経験の事実から解明することができる。というのもわたしたちは、自分が意志したのではない特定の社会に、同じく自分が願っていたのではない特定の家族に、その一員として参加するように定められている。だからわたしたちはそれぞれの人生を個人として出発するのではない。どこまでも社会の一員として出発するのである。しかも自ら選択したのではない家族共同体の一員として出発しなければならない。この現実は所与であって、これを否定する者は自己自身の否定となってしまう。もしわたしが別の社会に、かつ、自分が生れたのとは別の両親から世に生まれるとしたら、もはやわたしはこのわたしではなく別の人であるだろう。そう考えてみると、わたしの現実はある側面からすると全くの偶然の所産にすぎないが、他の側面からみるなら所与の必然の所産ともいえよう。

もしこの所与が偶然にすぎないとみなすなら、わたしは現実から遊離してしまう。またその反対に、それが必然のみであるとすると、現実から自由が失われてしまう。そこが、この矛盾する両側面を統合しているのが、生成する現実としてのわたしであろう。つまり、わたしは偶然と必然とを何らかの形で統合する選択行為（決断）によってわたし自身を形成しているのである。しかもこの形成を導いているものが、やがて明らかになるように、わたしの心に呼びかけてくる声としての良心であって、良心はこの自己形成が挫折するとき、罪責を問うものとして現象してくる。この良心の現象は初めにはまず社会的権威者の声によって引き起こされるが、それは次第に自己の内に内面化されて、意識の内に一つの理想的自我を形づくってゆき、やがて次の倫理的段階に進むことになる。

## (1) 一般化された他者

このような社会的権威者は「一般化された他者」（generalized other）としてわたしたちに臨んでいる。

アメリカの社会心理学者G・H・ミード（George H. Mead, 1863 - 1931）はその著作『精神・自我・社会』のなかで自我の形成に対して一般化された他者がいかに影響しているかを考察した。彼は遊戯からゲームへと子どもが移って行って共同体の一員になってゆくプロセスを解明し、そこに一般化された他者の役割を捉えた。たとえば遊戯のなかで子どもは自分の理想とする人物になりきって、その役を単に演ずるのに対し、ゲームでは組織された全体のなかで機能できる者となり、集団との関係を通して自分自身を決定するようになる。一例を挙げると野球チームのような集団のなかで、個人はメンバーの一員としてどのようにプレイし、行動すべきかの行動様式が経験のうちに組織化されて修得される。この組織化は一般にその社会集団の風紀として相続され、各人は集団の一構成員となっている。「ゲームのなかにわれわれは組織化された他者、一般化された他者をつかんでいる。そういう他者は、子ども自身の性質のなかに見いだされるし、子どもの直接経験のなかにも表現されている」（『精神・自我・社会』稲葉三千男他訳、青木書店、170－171頁）。この子ども自身の性質の中にある組織化された行動様式が彼自身の自我を構成して行く。

ある人にかれの自我の統一をあたえる組織化された共同体もしくは社会集団を、「一般化された他者」とよんでもよかろう。一般化された他者の態度は、全共同体の態度である。（前掲訳書、166頁）

ミードによれば共同体がその構成員の個人的行動に支配力を発揮するのは、この一般化された他者という形を通してなのである。またこの一般化された他者の態度を各人が採用してはじめて普遍的で非個性的な思考と話想宇宙（discourse-universe）とが成立すると説かれた。社会学は一般に人間を外的な役割から理解する。この役割の共同から社会は営まれる。しかし共同体は非個性的な人格から構成されているわけではない。そこには役割を進んで担う人格の主体的決断と関与がなければならない。良心は人格の個性化のないところには生まれない。

ところでミードの一般化された他者という用語は、何よりもこの個性化を強調するガース（Hans H. Gerth, 1908 - 1979）、ミルズ（Charles Wright Mills, 1916 - 1962）の『性格と社会構造』では良心現象として解釈された。これはフロイト（Sigmund Freud, 1856 - 1939）の超自我形成についての学説の影響によっていると思われる。つまり社会のなかでの重要な他者の態度は、内面化されるとき、自己の評価に反映されるようになる、と説かれた。しかし、ミードとの相違も明白である。ミードでは一般化された他者が社会全体を組み入れていると考えられているのに、ここでは選択された社会の一部を表現している。

いかなる人の一般化された他者も必ずしも「コミュニティ全体」あるいは「社会」を代表す

るものではなく、ただ彼にとって、これまであるいは現在、重要である人びとを意味しているにすぎない。しかもこれまで重要であった他者のうち何人かは、一般化された他者として作用せず意識から除外されるという事実は、望ましい自己イメージを確証してくれるものを重要な他者として選択する原則と一致するものである。

（「性格と社会構造」古城利明・杉森創吉訳、『現代社会学大系15』青木書店、110頁）

一般化された他者の内容もこのように選択によって変わるので、同一の社会に属していても、これまで経てきた履歴が違っている場合にはその内容も変わるし、同じ経験を積みねることによって共通した内容ともなりうる。こうして多数の他者の評価内容が一つの様式に組織化されると、重要な他者の普遍性ができあがり、これの期待に反するとき、良心の呵責が生じる。上司や先生、また両親の期待が良心に呵責を生じさせる働きとなりうる。ガース、ミルズは一般化された他者と良心の葛藤との関係について次のように述べている。

われわれの良心――一般化された他者または超自我――は、われわれの生活における重要な他者のあらゆる期待の産物である。これらの期待のほとんどは、子どもの時代に内面化され、自覚のレヴエルより下にある。それゆえ、後の生活で新しい重要な他者を感じとるようになると、しばしば良心の葛藤にさいなまれる。このようなわけで、さまざまな重要な他者の期待と要求との社会的軋轢は、人の内部での葛藤になる。人間の良心は同じようなタイプの重要な他者を経験したときだけ類似性を持ち得るのである。そして、これまで指摘してきたように、人間すべてが強固な良心を持っているというわけにはいかないのである。

（前掲訳書、124頁）

社会全体が安定し、社会変動が気づかれないほどゆるやかである場合、また自分の役割にわたしたちが緊縛《きんばく》され、個人としての強い自覚、したがって個性化が因襲の力によって生じないとき、自分の理想とするイメージと現実のイメージとが一致しているため、良心は比較的安定している。良心現象が強く生起するためには、何よりも個性化がなければならず、そのためには固定化した役割から離れ、役割における他者の期待からの距離もなければならない。自らの責任によって自発的な選択と決断とが起こっていないところに良心の働きはあり得ない。

西欧社会と比較すると日本社会では一般化された他者の経験が特定の狭い共同体に限定されていたということが一般に言えるのではなかろうか。なかでも社会の変動が緩慢であって、革命を経験することなく、社会の外的枠組を残して内部調整により進展を試みてきた日本社会では、島国という地理的条件も大きく作用し、さらに、強力な人格的唯一神に触れる経験のなかったこと合せて、良心の葛藤を呼び起こす契機が比較的弱かったといえよう。こうして良心よりも恥を基調とする文化が形成されたといえる。ルース・ベネディクトの分析の優れているのはその批判がここに向けられているからである。

日本人の生活において恥が最高の地位を占めているということは、恥を深刻に感じる部族または国民がすべてそうであるように、各人が自己の行動に対する世評に気をくばるということを意味する。彼はただ他人がどういう判断を下すであろうか、ということを推測しさえすればよいのであって、その他人の判断を基準にして自己の行動の方針を定める。みんなが同じ規則に従ってゲームを行ない、お互いに支持しあっている時には、日本人は快活にやすやすと行動することができる。彼らはそれが日本の「使命」を遂行する道であると感じる場合には、ゲームに熱中することができる。彼らが最も手痛い心の痛手を受けるのは、彼らの徳を日本特有の善行の道標がそのまま通用しない外国に輸出しようと試みる時である。

（ルース・ベネディクト、前掲訳書、259頁）

ここで「他人の判断」や「世評」と言われているのは「一般化された他者」と同じであり、これの組織化された規則に従って「ゲーム」を行なう行動様式はこれまで論じてきたことに一致する。恥による行動様式はこの場合、一般に「公恥《こうち》」という形態であって、公恥は良心の社会的段階での現象と同じであるといえよう。この種の恥の形態は外面的な強制力によって惹き起こされるが、良心は反省の意識として外面的判断や世評を内面化した形で生じてくる。次にこの内面化について検討してみなければならない。

## (2) 社会的規範の内面化

わたしたちは集団生活のなかでその一般的な行動様式や生活態度を引き受けることによって初めて、ちょうどゲームに加わるように、共同体の一員となっている。この集団の一般的な態度は一つの生活様式となって外的に個人を強制し、同時に恥の観念を生みだしていた。しかし、社会的行動の規範はまず無自覚のうちに習俗となってわたしたちのうちに定着している。「習俗」とは風俗・習慣であり、礼儀作法・流行・慣習・掟などを含んでいる。社会的習俗は生活習慣によってわたしたちのうちに行動の表的規範の意識を形成する。ほかならぬこの習慣が反復によって内面化が進み、それが良心となってわたしたちの行動を内側から支配するのである。ドストエフスキー（Fyodor Mikhailovich Dostoevsky, 1821 - 1881）の『カラマーゾフの兄弟』に登場するイワンはそれを悪魔の語りによって次のように述べている。

僕をからかいやがるんだよ。それがね、巧妙なんだ、じつに巧妙なんだ。「良心！　良心てなんだと思う。僕が自分でつくりだしたものじゃないか。なぜ僕が苦しんでいるかといえば、習慣のせいなんだ。七千年にわたる全人類の習慣のせいだよ。だからその習慣を脱して、神になろうじゃないか」――なんてことをあいつは言うんです。（北垣信行訳）

イワンは父親殺しに荷担《かたん》し、そのため良心の呵責《かしゃく》に陥っている。するとイワンの悪魔は良心なんてものは社会的な習慣の産物にすぎないのだから、そんな良心のやましさを超えて、社会的規範を打破する超人の自由、つまり神になろう、と説いている。この点で『道徳の系譜』に記されているニーチェの良心論と一致する。もちろんドストエフスキー自身は良心を習慣の産物と見ることに同意しているわけではなく、イワンの生き方のなかにそのような見方があって、社会的習俗を内容とする良心を権力によって支配する意志を問題にする。これこそ劇詩「大審問官」の主題にもつらなっている。

社会的規範の内面化として心理学的に良心の現象を説明したのはフロイトであった。彼は自我と超自我としての良心との関係を幼児と両親との関係から説明して次のように言う。

自我と超自我の関係の個々のものは、すべて幼児の両親に対する関係に還元することによって理解できるものである。両親の感化の中には、勿論ただ両親自身だけではなく、両親を通じて伝えられた家族、民族、種族の習慣の影響、並びにそれらのものに現われているその時代の環境の要求も作用している。なおまた、超自我は個人発達の経過中、両親につづくその延長者や代理者、たとえば教育者とか社会において尊敬されている理想の人物などによっても参与を受けるのである。

（「精神分析学概説」小此木啓吾訳、『フロイド選集15』日本教文社、310―311頁）

このように超自我はエディプス・コンプレックスの相続者であり、このコンプレックスに対抗する自我の防衛の強さに応じてより高いものとして形成され、その裁判官的機能によって良心と呼ばれている。このような超自我としての良心は、社会習俗の影響によって自我のうちにその力の澱物《おりもの》を形成し、こうしてなされる自我変容が、自我に対し自我理想もしくは超自我を立てることによって形成されるならば、そこに生じている内面化は外部から内部に接木《つぎき》されるようなものではなかろうか。つまり「超自我」としての良心は自我を外から抑圧するもので、自我の責任という自覚と根源を等しくしていない。

わたしたちの行動には社会的規範が外的強制力をもって支配していることを認めないわけに

はいかない。そのため外面的で、恣意的な、愚劣でさえあるさまざまな規約のようなものに違反することによって良心的な呵責に陥ることが多い。ショーペンハウアーは宗教生活にはそのような現象が多く見られるという。たとえば聖書の中で「安息日にはあなたがたの住いのどこでも火をたいてはならない」（出エジプト記35・3）といわれているのに、狂信的なユダヤ人が土曜日（安息日）に家でパイプを吸ったことに激しい心の痛みを覚えるような現象である。「ある人が教会の規約や指図について知っているすべてのこと、そしてそれを信じ遵守しょうという意図が、その人の良心であった」（『道徳の基礎について』前田敬作・今村孝・芦津丈夫訳、「ショーペンハウアー全集9」白水社、303頁）。

確かに宗教の外的教義や社会的規定に良心が一般的に拘束されていることは認められなければならない。たとえその内容が愚劣なものであろうとも、わたしたちの良心はその規準に従ってわたしたちを裁くかぎり、良心は現象するようになる。その際、そのような規準が内面化されて、その規準にふさわしく行動すべき自己の理想化された像がわたしたちのうちに形成され、良心として審判の機能を演じているのである。わたしたちは人間の良心のなかには宗教的な外的な規則を含めて社会的規範があまりにも多く入りこんでおり、良心自身の内面の深みが理解できなくなっている場合にのみ、その良心のあり方を批判することが許されるであろう。なぜなら、社会的規範は習俗と同様に時間・空間によって変化する相対的なものに過ぎないのに、それによって良心が支配されることは、相対物を絶対視する転倒の虚偽に陥っていることになるからである。

そこで社会的規範の根拠となっている人間存在の社会性や共同性についてここで考えてみよう。人間は生まれながらにして社会の中におかれ、社会から育成されながらも、独立した個人としての自己形成をなし、再び社会に対する責任を負って生きている。こういう社会的存在者としての人間は社会性と個人性とのダイナミックな統合体であり、個人が社会に共同的に関与する歩みを通して自己を形成する。この共同性が個人性と社会性とを統合する根拠となり、共同性はある個人が他の個人に自発的に関与する間柄を通して実現する。

この間柄（Mitmenschlichkeit）は社会（Gesellschaft）とは相違する。わたしたちの共同性は間柄や仲間関係のなかで培われ、社会のなかで具体化される。それはちょうど家庭という社会の最小単位が恋愛という間柄から形成されているのと同じである。個人と個人とが自由に関与する間柄存在は社会を形造る前の生ける姿である。こうしてわたしたちは客観的組織体としての社会のなかよりも社会の成員間の間柄によって自己を実現しようと努める。会社の経営も大切であるが、一緒に労働している仲間との間柄の方が個人に対し重要な意味をもっている。

「人間は汝との関わりにおいて我となる」(ブーバー)。汝として他者に関わる間柄のなかで初めて自己は形成される。その際、他者に対して「汝」という人格的関わりをとることが、間柄を生きるわたしの存在の基本であるといえよう。わたしが他者に「汝」として関わることこそわたし自身の本来の姿でなければならない。しかし間柄は社会で具体性をもつがゆえに、わたしたちは間柄を保ちながら社会的な規範をすすんで担うことを引き受けなければならない。このようにして他者に対し「汝」を語るわたしの相互関係の行為は具体的社会のなかで実践され、この実践的自己がわたしの真の自己となり、社会の不変な相互作用の様式の意識こそ良心なのではなかろうか。

リチャード・ニーバー（Helmut Richard Niebuhr, 1894 - 1962）は『責任を負う自己』のなかで責任にみられる応答性をとらえ、社会的自己の理解に立って良心を次のように把握した。

社会的自己とは、決して単に「我と汝」の自己なのではなくて、相互作用的な共同体の成員である汝に応答している「我と汝ら」の自己（I-You self）なのである。……社会的自己は、現在の行為が、全体の行為の一部、すなわち全体の行為を意味するか、その意味をその全体から引き出すところの何かであるがゆえに、現在の行為の意味に応答できるのである。ゆえに、わたしの良心は、孤立した他の諸個人の承認や否認についてのわたしの意識を表わすというよりはむしろ、わたしの社会のエートス、言いかえれば、わたしの社会の間《かん》人格的な相互作用の様式についてのわたしの意識を表わすのである（『責任を負う自己』小原信訳、新教出版社、96頁、傍点はニーバー）。

社会的自己の根底には他者との相互作用の様式、つまり間柄的共同の意識があって、良心としてわたしたちに自覚されているといえよう。

### (3) 日本的な人倫組織と良心

習俗が良心形成にとってどのような力を発揮しているかを前節で明らかにした。この種の良心現象は社会的次元での発現であって、これを無視したり退けたりすることは正しくない。たとえばハイデガーは「公共的良心」をいわゆる「世人」の声とみなし、良心の呼び声はこうした声を無視し、無意義さの中へ突き落すという。これは公共性を実存と対立的に把握する実存哲学からの一つの解釈として妥当しようとも、他者との共同性に自己が立つという立場からはこの解釈は不当なものとなろう。いずれにせよ社会的段階での良心現象はわたしたちにとって所与の事実であるから、わたしはこれを三段階の発展のプロセスの中で位置づけなければならないと主張したい。

さて、習俗の影響は日本的人倫組織では特別な力を発揮し、良心よりも恥に基調をおく文化を形造って来た。中村 元《はじめ》(1912 - 1999)は『東洋人の思惟方法3』第4編「日本人の思惟方法」のなかで、有限なる人倫的組織の絶対視がわたしたちのあいだに生じていることを指摘する。日本人のあいだで重んじられている人間は、主体的人間でも、普遍的人間でもなく、「主として、限定された特殊な人倫的組織に従属するところの人間である。すなわち人々との間柄において把握された人間である。それが個人として普遍的意義を有する人間よりも以上に重視されているのである」(『東洋人の思惟方法』第4編、107頁)。ここから個人は徹底的に共同体に献身することが美徳として重んじられるようになり、日本的道徳の特質が生まれてくる。

人倫的組織を重視する思惟方法によるならば、倫理的には限定せられた特殊な人間共同体において互いに真実をつくすこと、互いにおおいかくさぬ自己帰投がとくに強調される。このような態度は一般に人間の道徳の根本的要請であるが、日本人の生活においてはとくに支配的地位を占めている。具体的な人倫的組織のために自己を捧げるという道徳思想は日本の歴史においてはきわめて有力にはたらいている。(前掲書、108頁)

したがって真善美という普遍的学問的な真理、また宗教的な真理のために命をなげうつことは異例的現象となっており、時代の支配的権力の意志と矛盾するなら、そのような行為は悪とさえ考えられていた。その際、国家の支配者は人倫の基礎である家の秩序を利用し、この秩序の上に自己の支配を確立したので、日本的人倫の特質はこの共同体を考えてみるならばいっそう明らかになろう。和辻哲郎《わつじてつろう》（1889 - 1960）は『倫理学』のなかで日本的人倫組織を解明し、日本人の「間柄的存在」は「わたし」を徹底的に排除しながら、きわめて著しい「私的存在」となっていることを指摘している。この論理的には矛盾している性格こそ家を中心とした人倫の特質を形成しているといえよう。和辻は次のように言う。

しからばわたしたちが手近に見いだし得る最も著しい私的な存在は何であろうか。それは孤立的存在ではなく、かえって間柄的存在なのである。すなわち、ただひとりの相手以外のあらゆる他の人の参与を拒むところの存在である。あらゆる他者の参与を拒むということがどこにも見いだせない不可能事であるのに対して、ただひとりの例外を除いてあらゆる他の人の参与を拒むということは、日常的にきわめてありふれた存在の仕方なのである。それは自他が文字通りに自と他とのみであるところの二人関係であり、あらゆる他の人の参与を排除するがゆえにきわめて親密なる我れ汝《わ》関係となる。……この私的存在は明白に二重性格を帯びてくる。すなわち内において「私」を徹底的に消滅せしめることが、同時に外に対して最も顕著に私的存在の性格を与えるゆえんである。（『倫理学 上』岩波書店、335頁）

ここに日本的な家の閉鎖性が根拠となって間柄の私的性格が生まれてきていることは明らかである。「我と汝」という間柄が「私」を消して「汝」に献身することにより、「我」が内容上「汝」の要求するものとなって、「我と汝」の代わりに「汝―汝」という「汝の二項方式」（森有正）が成立しているだけでなく、この間柄自体が全体として「わたし」的性格をもつことになってしまう（森有正『経験と思想』岩波書店、95頁）。では、他者に「汝」として関与することがどうして「あらゆる他の人の参与を排除する」のであろうか。

そこでわたしたちは『我と汝』の著者ブーバーの「排他性」（Ausschliesslichkeit）と「締め出し」（Ausschliessung）の二つの関係を問題にせざるを得ない。排他性は「専一性」とも訳される。他者に向かって「汝」と語って呼び開かれる関係は、他者の人格に向かって全体的に関与し、他者の付属物や所有関係を排斥して、人格の存在自体に専一的に対向するからである。わたしたちはこの汝関係の光の下に他のいっさいの存在に対しても開かれた関係をとってゆくようになる。しかしこの光が欠けていると、それは「排他的占有」となり、「汝」関係が人格的なものからずれ落ちて物的なものに変質し、専一性は転じていっさいの「締め出し」となる。彼は次のようにいう。

この世界におけるひとつの実在あるいは実在的なものとの真実な関係は、すべて専一的である。真実な関係において汝は、解き放たれ、歩み出てきて、かけがえのない唯一のものとしてわれわれに向かいあって存在する。……他のすべてのものはその汝の光のなかで生きるのである。だが汝がそれに化するやいなや、その広大な領界は世界にたいする不当となり、その専一性は一切のものの締め出しとなるのである。(「我と汝」田口義弘訳、『ブーバー著作集1 対話的原理I』所収、103頁、太字はブーバー)

日本人の間柄存在が一人の人に対してのみ開かれて、他のすべての人を排除するのは、「家」の意識が強く作用し、社会の最小単位の枠内にとじこもり「汝」の経験が具体的特定の人にとどまり、その人の背後にある広大な「汝」の世界および永遠者への応答を含んでいないからであろう。ブーバーでは「汝」が具体的他者から解き放たれて唯一者として、永遠の汝として現象し、汝の光がすべての人間関係に向かって注がれている。したがって日本的間柄では他者の経験が具体的相手以上に発展しないため、相手以外のすべての他者を排除し、きわめて私的な間柄存在を形成する。家庭がこの代表であり、小学校から大学までの友情も、会社の交際も、文化団体や宗教生活にいたるまでこういう人倫の特質が現われている。ここから明らかになることは内と外との二重道徳であり、内が固有の内面性へ向かって深まらないため、外に対して極端に防衛的にならざるを得ない。こうして体裁・外聞・世間体を重んじる**恥の文化**が開花し、**内面的な良心**にいたることがなかったといえよう。

人倫組織が固定化し、個人の行動を規制する「一般化された他者」の様式化が進み、個人も社会の一員としての役割にしばられていると、個性化は起りにくいし、内面化とともに生起する良心は覚醒されないまま、恥におおわれて窒息してしまう。またあまりにも人倫組織を絶対視すると良心の麻痺という現象も生じてくるのではなかろうか。恥も本書の第1章で論じたように公恥の形態が支配的であるため、日本人特有の「対人恐怖症」が多く起こりやすい。森田正馬《まさたけ》（1874 - 1938）は恥と対人恐怖の関係を次のように述べている。

対人恐怖は恥かしがることをもって、自らふがいないことと考え、恥かしがらないように苦心する「負けおしみ」の意地張り根性である。（内沼幸雄『羞恥の構造』23頁）

対人恐怖は恥を弱さとみながら同時に意地の強さで押し通そうとする矛盾であり、結局自己へと閉じこもってしまう。しかも内面性が欠如しているため自閉症となり、そこから新しい創造も発展もなくなってしまう。そこで恥により苦悩しやすい人にとって恥が生じる場所である世間とは何であるかを正しく認識する必要がある。というのは弱い気質の人は世間を恐怖しているからである。太宰《だざい》治《おさむ》（1909 - 1948）もそのような気質の持ち主であった。次の『人間失格』の一節はそのような人が自己に立ち返るきっかけとなりうる認識を含んでいる。

「しかし、お前の、女道楽もこのへんでよすんだね。これ以上は、世間が、ゆるさないからな」

世間とは、いったい、何のことでしょう。人間の複数でしょうか。どこに、その世間というものの実体があるのでしょう。けれども、何しろ、強く、きびしく、こわいもの、とばかり思ってこれまで生きてきたのですが、しかし、堀木にそう言われてふと、「世間というのは君じゃないか」という言葉が、舌の先まで出かかって、堀木を怒らせるのがイヤで、ひっこめました。

(それは世間が、ゆるさない)

(世間じゃない。あなたが、ゆるさないのでしょう?)

(そんな事をすると、世間からひどい目に合うぞ)

(世間じゃない。あなたでしょう)

(いまに世間から葬られる)

(世間じゃない。葬るのは、あなたでしょう)

汝は、汝個人のおそろしさ、怪奇、悪辣、古狸性、妖婆性を知れ! などと、さまざまの言葉が胸中に去来したのですが、自分は、ただ顔の汗をハンケチで拭いて、「冷汗、冷汗」と言って笑っただけでした。けれども、その時以来、自分は、（世間とは個人じゃないか）という、思想めいたものを持つようになったのです。

確かに世間は個人の集合体であるから、人は世間から離れて各個人を通して互いに出合っている。ここに個人に立つ自律の思想が芽生えてきている。しかし公恥を基調とする社会は世間体を必要以上に気遣っている。ところが太宰が説いているように世間をその本質において個人であると認識することは、世間体にしばられた外面的人間の解放となる。このことは社会的規範にのみ従う生き方から転じて主体性の確立となり、さらに個人と個人との間柄に立つ自己の確立に向かわせることになろう。こうして我と汝の相互性という不変のものに対し正しく応答しているかどうかが問われてきて、社会的な相互性の意識とともに社会的良心がわたしのうちに発現し始めるようになる。

## (4) 良心の強制と自由

社会生活の上でしばしば良心の強制とそれからの自由が歴史上問題になってきている。いくつかの実例に即してこのことをまず考えてみよう。

16世紀の宗教改革は教皇制の下に苦しむ良心の自由を最大の関心事としている。カール・ホル（Karl Holl, 1865 - 1926）はルターの宗教の核心を「良心宗教」という形で把握した。もちろん、この解釈にも多くの批判が向けられたが、ルターの精神的苦闘が良心の人格的自由に向かっていることは確実であり、彼によって開始された宗教改革はローマ・カトリック教会の教権組織から福音的自由へ向けて個人の良心と民族とを解放する方向をとった。ところでルターでは「良心の自由」という言葉は二重の意味をもっていることに注目すべきであろう。第一はもっぱら宗教的意味で用いられ、「神学的自由」という表現によって次のように語られた。

律法・罪・死・悪魔の力・神の怒り・最後の審判からの自由が存在する。どこに。良心においてである。かくてわたしは義人である。なぜなら、キリストは解放者であり、肉的でも、政治的でも、悪魔的でもなくて、神学的に、つまりただひとえに良心において〔わたしを〕自由にしたもうから。（WA. 40 II, 3）

次にルターはこのような神学的な良心の自由を破壊し、さまざまな宗教的儀礼や規則によって良心を拘束するカトリックの教権組織からの良心の解放を力説する。それは彼自身が教皇制の下にあって苦闘した経験に由来する。彼は宗教が社会的文化的作用をもち、教会を組織している現実は認めていても、そこでの規則や慣習も良心を支配し強制すべきものではなく、良心自体はそれらから自由になって神の言葉に信仰によって応答すべきであると説いた。それゆえ、良心は自由に神の言葉に聴き従うために、現世の諸々の権力から自由でなければならないことを主張したのである。

このような意味での良心の自由に対する戦いはカトリック教会に対してばかりでなく、宗教改革者カルヴァンの神権政治に対しても遂行された。カルヴァンは異端的信仰の理由でミゲル・セルヴェー（Miguel Serveto, 1511－1553）を処刑した。この処置に対して人文主義者も聖職者も学者も、みな沈黙していた。実際、この恐るべき処刑を称讃しないとみずからも異端の嫌疑をかけられる心配があったからである。ジュネーブの優れた市参事会議員のツェルヒンテスもカルヴァンに自分の反対意見を手紙で伝えているが、公けには沈黙を守るつもりだと次のように述べている。

わたしは自分の良心に駆りたてられないかぎりは、闘技場には降りていかないでしょう。わたしは論争をまきおこして誰かを傷つけるよりは、良心が許すかぎり沈黙をまもっている方がすきなのです。（ツヴァイク『権力とたたかう良心』高杉一郎訳、200頁）

このように人々の良心はカルヴァンのテロルの前に沈黙していた。神の言葉は良心に働きかけるにしても、罪に対する罰、つまり責任を問うのであるから、神の戒めに応答する自由を前提とする。この自由に応答する良心を権力によって否定し強制的に処刑するということは狂信以外の何ものでもない。

カルヴァンのこの行為に対し抗議する声が起こった。人文主義者で信仰深いキリスト教徒であったカステリヨン（Sebastian Castellio, 1515 – 1563）の著作『悩めるフランスに勧めること――現下の戦乱の原因を指摘しその適切な対策を示し、また特に、良心に強制を加えるべきや否やを論ず』がそれであった。この著作はカトリックも福音派も相互に異端視し合って宗教上の非寛容のゆえに戦乱を起こしている現状に対し、正しい対処方法を教えようとするものである。その中心思想は人文主義の立場であり、「諸君自身の良心に耳を傾けて、他人の良心を侵さぬことを学びたまえ」というにあった。とくに良心を侵すことによって生じる結果を論じ、良心の強制と拷問からの解放を説いてた。「結論と勧告」として次のように語られている。

おおフランスよ、すべてを慎重に考慮検討した上でわたしが今あなたに勧めたいと思うことは、すでに触れた例のささやかな書物が与えている勧告……と同じことなのである。すなわち、良心に強制を加えることをやめよ、信仰の故に人を殺すのは言わずもがな、迫害追及することもやめよ、キリストを信じ旧約聖書と新約聖書を受け入れるあなたの国民に、他人の信仰ではなく彼ら自身の信仰に従って神に仕えることを許せ、ということなのである。(『悩めるフランスに勧めること』二宮 敬訳『ルネサンス文学集72』筑摩書房、308頁)

ナントの勅令によって新旧二つの信仰の和議が成立するまでに、いかに多くの犠牲がはらわれたか知れないほどなのに、その前にカステリヨンはこのように叫んでいたのであった。ツヴァイク(Stefan Zweig, 1881 - 1942)は『権力とたたかう良心』の中で次のように説いている。

この教義やあの教義が、それ自体まちがっているということはないと、彼〔カステリヨン〕は説いている。まちがってもいるし犯罪でもあるのは、ある人間に彼が信じてもいない信仰を権力ずくで強制することだけである。地上のあらゆる不幸は、この『良心の強制』から生れる。たえずあたらしくくりかえされ、その度ごとにますます残忍の度を加えていく偏狭な狂信の良心にたいする力ずくな強制から生れてくる。しかし、誰かにそのひとが信じていもしない信仰を強いるのは、非道徳的で不法であるばかりか無意味で馬鹿げたことでもある。なぜかというと、ある世界観を信ずる人間を強制的にかきあつめたところで、それはただ見せかけの信者をつくるだけだからだ。あらゆる強制的な宣伝がおこなう拷問式な方法は、ある党派の徒党の頭数を外面的にふやすだけのことである。こんな力ずくの方法であたらしい改宗者をかきあつめる世界観はすべて、そのいつわりの数学によって世間を欺くことになるばかりか、なによりもまず自分自身を欺いているわけである。（ツヴァイク、前掲訳書、289頁）

16世紀は宗教的に非寛容の時代であり、他者に対する寛容を説き、他者の自由を認めることは困難であった。それゆえ、この時代のすぐれたキリスト教的人文主義者たちはカステリヨンのように良心を宗教的権力の強制から解放しようとした。この点をドストエフスキーは劇詩「大審問官」において捉え、みごとに表現している。異端を裁く大審問官は16世紀のカトリック教会の化身であると言われる。だが、カトリックの教権組織によって保証された自由は、キリストが与えようとした良心の自由とは本質的に相違している。大審問官は人間性の邪悪さ、無力で悖《はい》徳《とく》的であり、謀逆を性《さが》とする奴隷であることを説き、これに対処する最善の方法は「パンと奇跡と権力支配」であるという。しかし、キリストは荒野の誘惑で悪魔に試みられたとき、この方法をしりぞけてしまった。ところが大審問官のほうは悪魔と結託し、キリストの事業を変更し、奇跡・神秘・教権の上にそれを建てた。彼はキリストが人間に与えようとした「良心の自由」が選ばれたほんの少数の者によって理解されたとしても、大衆はまったく理解できないだけでなく、かえってキリストに敵対する源になるだろうと説いている。彼はキリストに次のように語る。

人間にとって良心の自由ほど魅惑的なものはないが、これほど苦しいものもないのだ。ところがお前は人間の良心を永久に安らかにするための確固たる基盤を与えるかわりに、あるかぎり非凡なもの、謎めいたもの、不明瞭なものを選び、あるかぎりの、人間の力にあわないものを選んだ。そしてそのためお前の行動はまるで彼らをまったく愛していないのとおなじようなものになってしまった。しかもそれをしたのがだれかといえば、彼らのために自分の命を投げだしに来た人だったのだ。(『カラマゾフの兄弟(2)』原久一郎訳、新潮文庫、226頁)

大審問官によれば良心を永久に安らかにするのには教権組織によって良心を拘束し、権力によって支配する以外に方法はない。なぜなら大衆は謀逆の性《さが》のため与えられた選択の自由によってキリストに反逆するからである。つまりキリストの与えた良心の自由は宗教的なものであるのに、それは大衆によって誤解され、その乱用によって与えた人に反逆する。だから権力により良心を支配してこそ大衆は人間的自由を享受しうる。このように大審問官は考える。しかし政治権力と組織による良心の強制的支配によって達せられる自由は、もちろん真の良心の自由ではあり得ないのである。

次に現代における良心の強制をナチのファシズム支配の中に求めてみよう。独裁者と暴徒とは密接不離な関連に立っている。暴徒はカオス状態にある「無形の大衆」であり、これに対し独裁者は一方的に形を与える。そうすると自己喪失を大衆は結果し、独裁者の意のままになり、良心の欠如となるが、そこには実は良心の強制が行なわれているといえよう。国際ニュールンベルク裁判におけるアイヒマン事件をここでは問題にしてみよう。

アイヒマン（Adolf Eichmann, 1906 - 1962）は戦時下で失業し、自分の思想をもたぬままナチスの親衛隊に加わり、何万ものユダヤ人を強制収容所に送る仕事に従事した。彼はナチスの命令に服して忠実に熱心に人々を収容所に送ったのであった。だから、彼が裁判で主張したのは「すべての者が有罪な場合、誰も有罪ではない」ということであった。彼の弁護人セルヴァティウスは四つの無罪性をあげている。①当時存在したナチスの法体系のもとでは、彼は何ら悪事をしていない。②彼が告発されている事柄は犯罪ではなく、「国家行為」であり、これに対してはいかなる他の国家も裁判権をもっていない。③服従が彼の義務であった。④勝利を得れば勲章を授けられるし、敗北すれば絞首刑になる行為を行っただけである。

ニュールンベルク裁判でアイヒマンについて繰り返し述べられた点は次のようであった。「この犯罪の新しい性格は現実には全人類の故に該当する罪を犯していても、彼が悪を為していると自覚し感覚することをほとんど不可能にさせるような状況で彼が罪を犯しているという点である」。罪悪の自覚は良心の働きであり、それが不可能になる状況というのはナチス体制下における良心の強制によって生じたものである。もちろんこの強制は露骨に行なわれたのではなく、あらゆる宣伝活動によって、とくにラジオ放送によって、無自覚となすような形で遂行された。こうして人々は知らず識らずナチスの政策に服従するようになり、服従は政治では支持と同じことになる。したがってそのような強制下にあると命令への不服従が「良心の呵責」を惹起することになる。

ハンナ・アーレント（Hannah Arendt, 1906 - 1975）はアイヒマンについて次のように言う。「良心の点からみれば彼が命令されたこと、つまり何百万の男、女、子どもを非常な熱意で細心の注意を払って死に追いやることを、彼が実行しなかった場合にのみ呵責を感じるだろうということをはっきり自覚していた」（「良心への挑戦」掛川トミ子訳、『現代人の思想10　組織のなかの人間』224頁）。アイヒマンがもしこの事態を明瞭に自覚していたならば、良心の強制に屈した点に彼の有罪は確定するであろう。なぜなら、ナチスの法体系よりも良心自身の判断は自然法に従うべきことを彼に警告していたであろうからである。彼は内なる良心の声を無視して良心に対する外的強制に屈服した点で責任を問われうるのである。

このような外的強制に直面して内から発せられる良心の声は警告する働きである。次にこの警告し、忠告し、勧告する良心の働きについて考えてみよう。

## (5) 警告する良心

警告する良心は一般には行為が生じる以前に働くもので、各人の良心経験からの予測や類推から起こると考えられる。したがって過去の行為よりも将来の行為に向けて発せられる。というのは良心的に誠実な人は過失が生じないように行動の結果にも用心するからである。しかし、ここで注目したいのは、警告はあくまでも内なる良心の声として語られており、外的な、とくに強制的な出来事に対する良心の判断がそこに存在しているという事実である。良心はこれまで述べてきたように習俗や規範に服しているが、同時にそのように服している自己の反省として内的な批判的な判断をもっている。この批判的な判断の声が警告する良心として現象している。

この警告する良心はソクラテスのダイモーンの声に最も具体的に示されている。彼の行動の基本原則は「わたしはアテナイ人諸君よ、君たちに対して切実な愛情をいだいている。しかし、君たちに服するよりは、むしろ神に服するだろう」という言葉に示される。彼の社会的行動は内なる神の声の導きによって阻止されたり、警告を受けたりした。この「神《ダイモーン》のお告げ」について彼は次のように述べている。

それはつまり、裁判官諸君——というのは、諸君こそわたし、正しい呼び方で、裁判官と呼べる人たちなのだ——わたしに妙なことが起こったのです。というのは、わたしにいつも起る例の神のお告げというものは、これまでの全生涯を通じて、いつもたいへん数しげくあらわれて、ごく些細なことについても、わたしの行おうとしていることが、当を得ていない場合には、反対したものなのです。ところが今度、わたしの身に起こったことは、諸君も親しく見て、知ってられるとおりのことなのであって、これこそ災悪の最大なるものと、人が考えるかも知れないことであり、一般にはそう認められていることなのです。ところが、そのわたしに対して、朝、家を出てくるときにも、神の例の合図は、反対しなかつた。また、この法廷にやって来て、この発言台に立とうとしたときにも、反対しなかったし、弁論の途中でも、わたしが何かを言おうとしている、どのような場合にも、反対しなかったのです。ところが、他の場合には、話をしていると、それこそほうぼうで、わたしの話を、それは途中からさし止めたものなのです（『ソークラテースの弁明』40A−B 田中美知太郎訳、新潮文庫、63頁）。

このダイモーンのお告げは良心の声に似ていて、宗教的な守護霊のような働きをする。死者や先祖の霊を正しく埋葬し祭っておくと、善いダイモーンとして守り神になるとソクラテスの時代の人々によって信じられていた。こうしてそれは彼の行動が善い結果となるように警告したエウダイモーン（善霊）となっていた。『パイドロス』でソクラテスはエロースの神に対する不敬罪を犯していると警告され、エロース蔑視の取り消しの詩を償いとしてささげている。

われ神々の前に罪びととなりて
人の世の誉れを購いたるにあらずや　（『パイドロス』242D藤沢令夫訳、岩波文庫、47頁）

ソクラテスが耳を傾けていたのは神の声であって、民衆の声ではなかった。民衆のあいだに出ていって対話した彼は問答法によって真理を求めていた。したがって警告の発せられる主体は、民衆でも国家社会でもなく、神であり真理自体であった。『クリトン』のあの「よく生きる」という精神は、この心の内なる声に聴従することをいう。ソクラテスは次のように言う。

そうすると、よき友よ、かの多数の者どもが、僕たちのことを、どう言うだろうかというようなことは、そう気にする必要は全くないということになる。むしろただ一人でも、正不正についてよく知っている、その人が何と言うか、また真理そのものが何と言うかということのほうが、大切なのだ。……そこで今度は、もう一つこういうのを、僕たちにとって、それは依然として動かないか、否かということを、よく見てくれたまえ。それはつまり、大切にしなければならないのは、ただ生きるということではなくて、よく生きるということなのだというのだ。（『クリトーン』48A田中美知太郎訳、新潮文庫、83頁）

多数の者の声よりもただ一人でも真理を知っている者の声に耳を傾ける生き方がここで勧められている。多数の者の評判を気にする生き方から真理に聞く良心の生き方への転換がここに勧告されているのである。

同様のことはトーマス・モア（Thomas More, 1478 - 1535）のもとでも理解されている。この「良心の聖人」といわれているモアは、人文主義者として『ユートピア』の著者となり、大法官となったが、ローマ・カトリック教会への忠誠のゆえに、ヘンリー八世の離婚に賛成できなかった。彼はルターに対する批判によってキリスト教世界を支えているカトリックの職制が支配と秩序の原理であると確信するようになった。この法と良心の聖徒はただ良心の警告にのみ従ったといってよい。策をろうしたら自分の生命を救い得たであろうのに、良心の禁ずることは思い止まらざるを得なかった。カトリックの信仰に立つかぎり、世俗の君主が教会の首長となることも、カトリックからイギリスが離脱することも、彼の良心は認めるわけにはいかなかった。「国王至上法」への服従を明示する宣誓を求められたとき、死を覚悟の上で抵抗すべきか否かを彼は考えて、次のように言う。

この宣誓を拒むことによって死の危険が迫ることを考えると、わたしは精神のことを忘れ、身体のことに考えが集中するようになり、信仰深いキリスト者にあるまじきほどに、身体の苦痛や死におびえてしまうのです。しかしそのような時、わたしの良心は、肉体を救わんがために魂を失ってしまうこと、そのような闘いにおいては精神が最後に勝利を得ることを忠告してくれるのです。そして結局、理性は信仰の助けを借りて、善きことを為したがために不正にも死に追いやられるとしても、それは人が頭を失っても、いかなる禍もうけず、むしろ禍の代りに神の手による測り難い至福を手にすることと同じである、と結論を下すのです（塚田富治「キリスト教信仰と人文主義」田村秀夫編『トマス・モア研究』77頁）。

彼は宣誓拒否についての審問に対し、「わたしの宣誓拒否の理由を支持する大きな、またより大きな議会があるとしたら、わたしはキリスト教世界の公けの会議に逆らって、わたしの良心を変えるべきでも、それを一国の議会に従わせるべきでもないでしょう」（塚田富治、前掲書、77–78頁）と主張している。モアはイギリス国王およびその議会とカトリック教会との二つの権威のあいだにはさまって良心の苦闘に陥っている。その際、外的な強制による宣誓の要求に対し、」良心はより高い権威に従うべきことを警告している。

同様のことはヴォルムスの国会でルターが自著を撤回することを拒否した際にも現われている。彼の場合には教皇および公会議の権威よりも一層高い聖書（神の言）に良心は縛られていたので、カトリック教会が彼に外的な強制をもって服従を迫ったことに対しルターは良心に従ってきっぱりと次のように拒絶を宣言している。

もしわたしが聖書の証明によって、あるいは明白な理由によって反駁されるのでないなら、わたしは取り消すことができません。（なぜなら、わたしは教皇を、またただ公会議のみをも信じていませんから。というのは、それらはしばしば間違いをし、自己矛盾に陥っていることが確実なのですから）。わたしは自分が引用した聖書の論証によって説きふせられたのです。そしてわたしの良心は神の言葉に縛られているのです。わたしは取り消すことができないし、またそうしようとも思いません。なぜなら、自分の良心に反して行動することは、危険であるし正しくもないからです。神よ、わたしを助けたまえ。アーメン（WA. 7, 838）。

モアの場合にはイギリス国王対カトリック教会において、ルターの場合にはカトリック教会対聖書において、良心は外的強制に対決して内的権威に従うべきであるとの警告を受けた。良心は社会的権力や規範に服し、それをも内面化するが、それよりもいっそう高い権威の声を内に聞いて警告を受けている。

# 第3章　良心の現象　その2――倫理的良心

良心現象の第二段階として倫理的な良心の現象を扱うことができる。それは道徳的な考察と言ってよい。道徳は個人的な道徳と社会的な道徳に分かれるが、倫理という視点はその両者を含意する。ここでは良心は個人的な意識として自覚されるが、それを感じない人は人間ではないとみなされる。というのも人間の心には守るべき法則が自然法としてすべての人に備わっているからである。簡単に言えばそれが義務の意識であって、それを欠くともはや人間とは言えなくなる。

## (1) 自然法と良心

新聞記事によく見られる裁判の判決には良心について言及している例がしばしばある。その例を一つあげてみよう。自分の親族の一家を皆殺しにした被告に対しある裁判長は次のように述べ、検察側の求刑どおり死刑を言い渡した。「被告や両親の悪口をいわれた恨みをはらすとともに、借金返済のための金を入手しようとした綿密周到な計画的犯行、犯行後死体を隠すなど、冷酷、こうかつで、人間としての良心のかけらも見いだせない」(朝日新聞、1984年6月6日朝刊)と。この記事の中にある「良心のかけらも見いだせない」という表現は最悪の犯罪人にあてはまる言葉である。同じ表現はドストエフスキーの『虐げられた人びと』のワルコフスキー公爵に対しても用いられている。彼は次のように自分の人生観を語っている。

おのれ自身を愛せよ――これがわたしの認める唯一の原則ですね。人生は商取引です。だから金をどぶに捨てるようなことをするな、ただし満足を与えてくれるものには金を払え、そうすれば隣人への義務はすべて果されるだろう――強いて言うならばこれがわたしの道徳律です。……理想なんてものはわたしは持っていないし、持ちたくもない。理想にあこがれたことは一度もない。……あなた方の新しい思想くらいわたしはたいてい知っているんですよ。もっともその思想のために苦しんだことはないけれども。だいたい苦しむ原因がない。良心の呵責を感じたことが一度もないんですからね。自分に好都合なことなら、わたしはすべて賛成です。

（小笠原豊樹訳）

ワルコフスキーは義務をすべて金で解決し、ずるく立回って法を犯すことなく、どのような虐げる行為を行なっても良心の呵責を感じていない。これに反し『罪と罰』のラスコーリニコフは老婆殺しの罪を犯し、罪責に苦しめられても、卑劣にも自己の犯罪行為をかくし、社会的正義や福祉のためなら法を犯し血を流し、世の掟を踏みにじることも許されているという誇らしい信念をもっている。だから外から見ると良心をもっていないように疑われやすい。そのような疑いをもつ人に対し彼の妹はいう。「じゃ、良心の呵責はどうなんですの。あなたは、そうすると、つまり、「兄には道徳的感情なんて一切ないと見ていらっしゃるんですの」と。ラスコーリニコフの道徳的良心は人類の福祉のためなら個人は犠牲になってもかまわないという「理性の策略」(ヘーゲル)に立っているため、犯罪を罪として認めず、犯した殺害行為も単なる失敗にすぎないのだとみなす。

犯罪者が罪を認めた場合、彼は当然のことながら良心の呵責に苦しむ。そこに道徳の意識が明らかに現われている。しかし、最初に言及した殺人犯の場合には「良心のかけらも見いだされない」としたら、人間として全く失格していることになろう。だが、問題は犯罪者であっても良心をもたない人がいるであろうか、ということである。

カントによると「無良心(Gewisenlosigkeit)とは、良心が欠けているということではなくて、良心の判決に頓着しないという性向のことである」(「人倫の形而上学」野田又夫訳、『世界の名著32』、55頁)。だから、何が義務であり、何が義務でないかということだけを理性により明らかにしておけば、実行された行為について良心の声はおのずと発せられることになる。この内なる裁判官の声に聴き従うことが道徳の基礎である。

ところでラスコーリニコフは非凡人としてナポレオン的な英雄の論理に立って、百の殺人を犯しても二百の善行をなせばよいという、一種の合理主義を主張した。彼の意見について友人は次のように語っている。

ねえ、君、もし実際それが真面目なら……そりやむろん君のいう通りだ。これは別に新しいものじゃない、われわれが幾度となく読んだり、聞いたりしたものに、似たり寄ったりだ。しかし、その中で実際の創見、まぎれもなく君一人にのみ属している点は、恐ろしいことだが、とにかく君が良心に照らして血を許していることだ……失敬だが、そこには狂信的なところさえある……従って、つまりこの点に君の論文の根本思想が含まれているわけだよ。ところが、この良心に照らして血を許すということは、……それは、僕にいわせると、血を流してもいいという公けの、法律上の許可よりも恐ろしい。(傍点ドストエフスキー)

ここで繰り返し語られている「良心に照らして」殺人が許可されるというのは狂信と狂気にほかならない。もし「良心」ではなく、「法律」による許可ならば、たとえば非常時の戦争においては考えられる。しかし良心が殺人行為を許容するとは、どうしても考えられないことなのである。というのは良心は社会的法律よりもいっそう究極的な自然法にかかわっており、殺人は自然法によって禁じられているからである。それでは自然法とは何であろうか。それと良心との関係はいかなるものであろうか。

自然法は法思想史の研究対象となっており、人類の歴史とともに明確に表現され、多様な解釈を生みだした。自然法は自然についての科学的法則とは区別され、すべての法の定式化に先行する、人間としての遵守すべき行動の根本的な規範である。このことは人間の定めた法つまり人定法と対比して文字で書かれてはいないが、すべての法を支配する神的法則として最初は語られていた。例としてヘラクレイトス（Hērakleitos, B.C. ca. 540 - ca. 480）とソポクレス（Sophokles, B.C. ca. 496 - 406）の次の言葉を挙げておきたい。

すべての人間的法は一つの神的法によって養い育てられる。というのは、神的法は及ぶかぎりの支配をなし、全てのものを満たし、あらゆることがらの中に浸透しているからである
(Diels-Kranz, *Die Fragmente ueber der Vorsokratiker*, 22 B 114)。

ヘラクレイトスはこの神的法をロゴスと同一視し、単なる自然法則とは異なり、本質的に規範的なものであって、宇宙の運動に規準と意義および価値を与えているとみなす。だがソフィストの時代に入ると、天地の理法は崩壊し、国法と自然的正義とは対立してくる。ソポクレス作『アンティゴネー』はこの両者の対立を次のように叙述している。

**クレオン**　さあ、言いなさい。要領よく手短かにな、お前は、そうしたことをしてはならん

というお布令を知ってのことか。

**アンティゴネー**　知っていました。知らないわけがありまして。はっきりしたお布令を。

**クレオン**　では、それなのに、大それた、その掟を冒そうとお前はしたのか。

**アンティゴネー**　だっても別に、お布令を出したお方はゼウスではなし、彼《あ》の世をおさめる神々といっしょにおいでの正義の女神がそうした掟を人間の世にお建てになったわけでもありません。またあなたのお布令に、そんな力があるとも思えませんでしたもの、書き記されてはいなくても揺ぎない神がお定めの掟を、人間の身で破りすてができようなどと。

（『アンティゴネー』呉茂一訳、岩波文庫、34頁　傍点は筆者）

この「書き記されてはいなくても揺ぎない神がお定めの掟」は自然法を指しているといえよう。アリストテレスも法を特殊的と一般的とに分け、前者が特定の共同体のための成文法であるのに対し、後者は「いかなる場所でも認められるすべて書かれざる法である」（*Retoric*, I, 10）という。この一般化の方向はローマ社会では市民法から万民法への発展の中に定着し、万民法をあたかも本来の法たる自然法のように受け取っていくようになった。キケロは自然法について独自の神学的解釈を次のように下した。

自然に一致し、すべての人間の間に浸透し、不変で、永続的な、真の法、正しい理性は本当に存在する。……それを変えたり損うことは許されず、またそれを廃絶することもできない。われわれは、護民官によっても人民によってもこの法から解放されえない。また誰でもその法を説明したり解釈する必要はない。それはローマにおけるある一つの法、アテナイにおけるある一つの法でもなく、また今日のある一つの法、将来のある一つの法でもない。むしろそれは永遠に不変の、常にすべての国々を拘束する、同一の法である。そしてそこには共同の、一人の主、すべての人間の支配者がおられ、この法の創始者であり提示者である神がおられる（Cicero, *Republica* III, 22-23)。

自然法の神学的解釈は、それが国家や社会によって基礎づけられず、単なる人間の習俗を超えた深みの中に求められていることを示す。すなわち習俗によって形成された相対性を超えた絶対性が自然法に求められているといえよう。したがって旧約聖書の十戒《じっかい》も神によって授けられたものと考えられてはいても、実際は自然法の根本原理を反映させている。ところが十戒のなかには安息日の遵守のような時代的制約をもつものもあろう。しかしよく考えてみると、安息日は創造の七日目の休息に関係しているのであるから、労働に関する普遍的な規定として自然法に属すると解釈することもできよう。

古代の自然法思想はアウグスティヌスによってキリスト教的立場から新しく位置づけがなされた。神的な理性は「神の摂理」とか「最高の理拠」と呼ばれる「永遠の法」である。これが「現世的法律」の規範となっている。しかし、永遠の法の観念は人間の心中に刻印されているので、人間は理性によって自己の内面に「自然法」を見いだすことができる。こうして永遠法・自然法・現世法をいう段階的な法体系の思想が展開されるようになった。この法体系の中で自然法を最も適切に位置づけ、表現しているのが、トマス・アクィナスの『神学大全』の次の一節である。

理性的被造物は自らも摂理の分担者となって自己ならびに他のもののために配慮するかぎりにおいて何らかのより卓越した仕方で神の摂理に服している。したがって理性的被造物自体においても永遠の理性が分有され、それによって正しい行為および目的への自然的なる傾向性を有するのであって、理性的被造物における永遠の法の分有が自然法と呼ばれるのである(『神学大全』II-1, q. 91. art 2. 稲垣良典訳、創文社版、第13冊、72頁)。

この自然法の第一原理は「善は為すべきであり、追求すべきであり、悪は避けるべきである」という命題で一般的に定式化される。この自然法の第一原理を提示しているのが実践理性としてのシンテレーシス、つまり良知である。またこの自然法が人間の道徳的規範となるためには人定法によって具体的にそれが表現されなければならない。こうして人定法は人間の理性に照らして具体的に判定されるが、理性の第一原理は自然法であるから、人定法は自然法に一致しているかぎり正しいし、自然法に外れているならば、法の歪曲にすぎない。なお、トマスでは自然法の第一原理を提示するシンテレーシスの普遍的真理を個別的状況に適用する働きとして良心が把握された。

近代に入ると自然法思想も大きく変化し、「自然」は人間の本性を意味し、「法」も神に由来するのではなく、人間の自然本性に由来すると考えられるようになる。たとえばグロティウス（Hugo Grotius, 1583 - 1645）は人間の本性を理性と社交性に求め、「たとい神が存在しないと仮定しても、なお自然法は存在する」（De iure delli ac pacis, Protegonra, 11）と述べている。彼は神に依存しない人間の自然本性に基づいて自然法を明らかにし、その原則を定めている。まず他人のものを侵してはならないという所有権の不可侵性、次に、他人のもの、およびその利用によって得た利得を返還する不当利得の返還、さらに、損害賠償、契約遵守、犯罪に対する刑罰などを定めた（天野和夫『法思想史入門』101頁）。

このような近代の自然法思想はルソー、ホッブス、ロック、カント、ヘーゲルによって発展しているが、そこに一つの共通した特徴が示される。それは法と道徳とを分離したことであった。古代において自然法が法であると同時に道徳的規範であったし、中世では神法は神によって啓示された教えであり、法の根拠でありながら同時に道徳生活を導くものであった。したがって古代・中世の自然法は道徳を含んでいたのであったが、近代に入ると法と道徳が分離してくる。

どうしてそのようになったのか。そこには法治国家の要請があって、「国家の権力的支配が法によって行なわなければならないということは、国家的・公的な関係に道徳的なものを入れるべきではないという思想につながる。いいかえれば、権力をもって規制しうるのは、人間の外面的な領域に限られるべきであって、人間の内心にまで立ち入ってはならないということである」。この傾向は18世紀後半のカントによって市民的自由の代わりに人格的・道徳的自由が強調され、外面的な法律と内面的な道徳とが分離されるようになった。こうして彼以前の伝統的な自然法は内面的な理性法則に変わり、『実践理性批判』の末尾で唱道された「心のうちなる道徳法則」となった。

わたしたちは法律と良心との関係から出発していって殺人犯に良心のかけらも見いだされない例をあげ、ラスコーリニコフのような良心に照らして殺人を認める狂気の問題を提起し、自然法と良心の問題に入っていった。

自然法は書かれざる法として人間が制定した法律をも裁く神法という性格が与えられていたのに、近代に入ると法と道徳とが分離し、法は外面的な市民生活に関わるのに対し、道徳は内面的な心に関与し、合法性と道徳性の区別が説かれ、社会的領域と区別された道徳の倫理的領域が明らかにされるようになった。こうして良心はこの道徳の領域にもっぱら関わることになり、「この根源的で叡知的で、道徳的な素質は良心と呼ばれる」(カント『人倫の形而上学』前掲訳書、599頁)。ここでの良心は個々の行為に道徳法則を適用して義務にかなっているか否かを判定する実践理性なのである。ところで、この道徳法則は内容的には自然法を含んでいるが、現実の人間に対しては定言的で絶対的な命法によって臨んでいる。こうして法律の外面的、社会的領域から区別された道徳の内面性において良心は本来の力を発揮するようになった。

したがって良心に照らして殺人を認めることは絶対に不可能なことになる。ときに法律が特殊な場合にかぎって例外的に殺人を認めることがあろうとも、自然法と道徳法則とはそのような法律自体をも審判するであろう。また反対に法律的には殺人行為を実際行っていなくとも、道徳法則の下に立つ良心は「為すべからざることをなした」として自己を審判したり、警告したりすることもある。わたしたちはここに倫理的良心のすぐれた意義を見いだすことができる。

## (2) 実践理性と良心

良心は自然法や道徳法則にしたがって自己や自己の行為を審判する働きである。そのため良心は自己以上の何ものかの代弁者として自己自身に臨んでくる。したがって現実の理性や意志と良心を同一視することは誤りになるであろう。そうすると古代や中世において自然法とは永遠法が人間理性のうちに自らを分与したものであると考えていた場合には、自然法に従う良心は、自己以上のものの代弁者となっていたが、近代以降になると理性による自律が進んできて、自然法も人間の自然本性に由来するものと考えられ、良心の超越的な根拠が見失われることになりやすい。

批判期以前の初期ではカントは良心を自然的なものでありながら、「良心の根底には超自然的な法則、あるいは啓示された法則が存することはあり得る」と考え、「良心は神的法廷の代理人である」と主張していた（『倫理学講義』小西国夫・永野ミツ子訳、171頁）。ところが他律をしりぞけ自律を説くカントは、実践理性を自己立法的とみなすため、良心の内的法廷に立つ原告も被告も同一人となってしまう。彼は『人倫の形而上学』で次のように言う。

良心において自己を告訴し裁判する人間は、自己自身を二重の人格性において考えなければならないが、この二重の自己は、一方において自分自身に委ねられている法廷の被告席にふるえながら立たねばならないくせに、また一方では裁判官（審判者）の職を、生まれつきそなわった権威からして自己の生丁中におさめているのであるから、理性が自己矛盾に陥らないためには、この二重の自己ということは説明が必要である。

（『人倫の形而上学』前掲訳書、601頁、注1）

この二重の自己は道徳的立法の主体たる叡知的人間と理性を賦与された感性的人間として説明される。前者が原告であり、後者が被告である。しかし、良心は「その仕事をまるで他の人格の命令でやっているように考えないわけにはいかない」。もしそうでないなら、原告の方がいつも訴訟に敗れるであろう不合理に陥ってしまう。そこでカントはこの「他の人格」を理想上の人格、つまり権威ある良心審判者たる神として立てなければならないと言う。

このような理想上の人格は人の心を見抜く者でなければならない。なぜなら、その法廷は人間の内において開かれるからである。しかし同時に彼は一切の義務を課するものでなければならない。くわしくいえば、そのものとのかかわりにおいて、一切の義務が一般にまたそのものの命令とみなされるべき人格でなければならない。というのは、良心は、自由な行為すべてに関する内的審判者であるからである。……ところが、一切のものにまさって権威をもっているこのような道徳的存在者こそ神とよばれる。したがって良心とは、その行ないのゆえに神の前に果たすべき責任の主観的原理と考えられねばならないであろう（前掲訳書、600頁）。

カントは良心を個々の行為に道徳法則を適用してそれが義務にかなっているか否かを判断す

る実践理性であるという。では良心は実践理性と全く同じものであるのかというと、両者は働きで相違していると言わねばならない。実践理性は道徳的立法の主体であり、自己立法的である。そしてその判断はすべての人に妥当する普遍性をもっている。しかし、その実践理性が個別的行為に向けて義務にかなっているか否かを判定する良心の判断は、個々の行為者の内的動機にいたるまでも審判する。

　こうして実践理性と良心との相違は、両者の判断の相違から明らかになる。実践理性の行なう道徳判断は自己の行為にも他者の行為にも妥当する（つまり普遍的妥当性をもっている）が、良心判断は自己の行為にのみ妥当する。したがって良心判断の方が道徳判断より妥当範囲が狭い。また道徳判断は人格から切り離しても意義を失うことはない。つまり普遍妥当性をもっている。それに対し良心判断は個別的にのみ行為者に妥当する。多くの犯罪者はある行為を道徳的に悪と認めても、自分にそれを当てはめないため、その行為を無視し、良心の痛みを覚えない。では「自己自身に対する道徳判断が良心である」（エルゼンハンス）と言えるだろうか。しかし、すべての人がわたし自身に道徳的に有罪の判決を下したとしても、わたしは自己の良心に照して無罪を主張しうる。金《キム》芝河《ジハ》（1941 - 2022）の『良心宣言』は強制された自白による共産主義者であるとの判決に対し、自分はそうではないとの宣言なのである。シュトーカー（Hendrik Gerhardus Stoker, 1899 - 1993）は道徳判断と良心判断の相違について次のように言う。

道徳判断においてはいかなる理論的内容のある認識をそれがわたしたちに与えるかが問われている。しかし、良心判断では理論的道徳的認識そのものに第一義的にかかわらないで、まさしく一人一人の人格的最深の意識、関心、生命と存在の救いにかかっている（H. Stoker, *Das Gewissen. Erscheinungsformen und Theorien*, S. 60）。

こうして実践理性から良心を区別するのは自己自身の人格的責任への方向であり、自己責任と帰責性、および主体化である。良心は個別的行為に向かう判断であるが、ショーペンハウアー（Arthur Schopenhauer, 1788 - 1860）が強調したように、これは出発点にすぎず、その行為を実行している存在を問うているといえよう。だれも他人の行為に対し良心のやましさと痛みをもつことはなく、他人の道徳的責任を問うても、良心の帰責性を問うことはできない。それは他人自身の問題なのであるから。

実践理性が道徳判断を普遍的に語っているのに良心は自己の行為を主体的に、かつ、個別的に責任を負うべく問いかつ判断する。道徳判断が「この行為は悪い」と三人称の形式で一般的に述べるのに対し、良心判断では行為主体に向かって「わたしが悪い」、あるいは「お前が悪い」と語られる。その際、良心判断ではわたしの行った行為について「わたしはこれを避けることができたし、避けるべきだった」、あるいは、「為すべからざることを為してしまった」と語るが、そこには「他でもあり得た」自由と「このように為してしまった」責任とが問われている。そうすると良心判断には事後譴責性と修復不可能性が基本となっているのに対し、道徳判断の場合には行為以前の状況にもアプリオリーに妥当する普遍性をもっていることが明らかになる。したがって行為がなされる以前に警告する良心は、かつての良心経験からの類推と予測から成立すると一般に説かれているが、実際にはそうではなく、そこに実践理性の声も含まれているとみてよかろう。

シェイクスピアは『リチャード三世』のなかで良心現象の優れた記述をなし、刺客が犯行するに先立って良心によって警告されている姿を見事に描き出している。王になる前のリチャード三世はグロスター公と言われていたが、彼に金で雇われた二人の刺客は次のように話し合っている。

第一の刺客　で、良心の方はどこへ行った?
第二の刺客　おおさ、グロスター公のがま口の中に。
第一　それを公爵がお開けになって、俺たちに御褒美をくださろうとすると、また、お前の良心が出てくるという仕掛けか。
第二　そんなことは、どうでもいい、良心など消えてしまえ。そんなもののお相手をする奴は、今どき、ほとんどいはしない。

第一　でも、もう一度もどつて来たらどうする。
第二　あまりかかずらわないようにするだけさ。あれにつきあっていると、人間、臆病になるばかりだ。盗みを働こうとすると、とがめだてしやがる。口汚なく罵《ののし》ってやろうとすると、待ったがかかる。隣のかかあと寝てやりたいと思うと、きっとかぎつけやがる。この良心ってやつ、すぐ顔を赤くする恥ずかしがりやで、胸のうちでたえず謀反《むほん》をくわだてるのだ。そうなれば、どうしても、さしさわりが多くなるというものさ。いつだったか、金貨の一杯詰ったがま口を拾ったっけが、そいつをむざむざ返させられた。あんなものを飼っておくと、みんな乞食になってしまう。だから、どこの町でも、良心などというものは、危険人物として追いだすことにしている。誰にしても、いい暮しがしたいなら、そんなものにはお構いなく、自分だけを頼りに生きようとしているのだ。
第一　そいつが、今、俺の肘のところに寄って来やがった。うるさくせっつきやがる、公爵を殺すなとな。
第二　悪魔を呼んで来るがいい、そんなものの言うことになど、耳をかすな。溜息つくのを教えられるのが落ちだからな。
第一　大丈夫だ、こちらは金城鉄壁《きんじょうてっぺき》、良心なんかにやられるものか。（福田恒存訳、以下同）

殺人行為が実行される以前には良心の働きはそれほど強くない。はじめから強くあれば行為は実行されないで阻止されるはずなのに、実際には行為がなされてしまうのだから実行以前はその警告の働きは弱いといわねばならない。殺しと並んで盗み、罵り、不倫行為があげられ、これに対し非難、阻止、かぎつけが良心の働きとして考えられているが、実際は「すべからず」という命令を発する実践理性の声であるといえよう。同じく犯行以前のマクベスにも警告する良心は道徳的普遍性によって次のような反省を行なっている。

やってしまって、それで事が済むものなら、早くやってしまったほうがよい。……だが、こういうことは、かならず現世で裁きが来る――誰にでもよい、血なまぐさい悪事を唆《そそのか》してみろ、因果は逆にめぐって、元兇を倒すのだ。この公平無私の裁きの手は、毒酒の杯を、きっとそれを盛った奴の唇に押しつけて来る。

このようにマクベスの独白のなかに「公平無私の裁きの手」が因果応報をもって警告していることが記されている。彼は法の支配と神の力とを知っている。この裁きは良心を「公平無私の観察者」(impartial spectator) と見るアダム・スミス (Adam Smith, 1723 - 1790) の良心説と同趣旨のものであり、正義の神の審判の代理人として良心が発言しているとみてよいであろう。しかし同時に「因果は逆にめぐつて、元兇を倒す」という実践的推論も行なわれ、理性的判断も含まれている。いずれにせよ警告する良心は行為以前の段階であるため、個別的行為に対する主体的責任を問うものではなく、自己の過去における良心経験から類推されているとはいえ、そこには理性による一般化と普遍化が行なわれ、因果応報的な推論がすでになされている。したがって警告する良心の発言内容には実践理性と良心とが混合しているとみてよかろう。こういう場合には良心は知的性格を顕著に示している。良心の判断は分別を失って暗いのではなく、知的良心が普遍性の力によって推論し、警告している。

### (3) 理想と現実

本来的意味での良心体験は事後譴責性と修復不可能性に示されているように、行為がなされた後の反省によって生じている。為すべからざる行為を為してしまったわたしに対し良心はその光をもって照明し、罪を告知し、罪責を問う。このように良心はわたしの責任を問うが、当然前提とされているのは、わたしが責任を負う主体として、意志の自由をもっていることである。確かに自由意志をもたない自然の物体にだれが責任を問い得ようか。あることを為すべしという当為や義務の意識にはそれを為し得るという自由意志の能力が前提されていないとしたら、罪過や罪責は全く問題にならない。

ここでいう自由意志は単なる選択能力をいうのではない。選択は自発性をもってなされるが、それは目的を実現するための手段を選ぶにすぎず、選んだものを実行して実現するためには強い意志を必要とする。

自由意志は単なる選択機能にとどまらず、これを実行する能力をもっている。カントの場合、自由意志は当為実現能力（当然なすべき実現能力）としての自律であり、「それゆえ自由意志と道徳法則のもとにある意志とは、同じものである」（『人倫の形而上学』前掲訳書、293頁）と言われる。これについては実践理性の事実について述べた有名な箇所を参照されたい。

自由意志はこの強い意志の力の許にあって、当為を現に実行に移すことができる。このような自由な意志力があってはじめて悪は実体ではなく、わたしの責任として主体的に帰せられうるのである。悪はあたかも実体のように客体的に存在したり、外から理論的に考察されたり、心理学的、社会学的決定論によって把握しうるものではない。総じて悪い存在なるものは一つもなく、わたしによって行なわれた悪があるのみである。Ego sum qui feci(行なったのはわたしです)。しかし、この悪を行なったわたしは必然的にそれをなしたのではなく、自由に、つまり他のようにも行ない得たのである。この「他の仕方でも行ない」得たということが、過去の行為に対する責任がわたしに帰せられる根拠なのである。したがって個別的行為よりもそれを行為し得たわたしの存在のうちに責任の所在があることになる。そして良心の棘《とげ》がささるのはこのわたしの存在に対してなのである。これについてショーペンハウアーは適切にも次のように語っている。

自分がべつな人間でありさえすれば、〔正反対の行為さえ〕実際に起こったであろうことを、だれもがはっきり承知しているからである。しかし、かれが、行為から知られるように、そのような人間であり、けっしてべつな人間ではないということ――これこそ、かれが責任があると感じるところのものである。ここに、すなわち「存在」に、良心の棘がささる場所がある（ショーペンハウアー、前掲訳書、282頁）。

良心は「あなたはこうすべきであった」、「こうもなし得たはずである」という声であるが、そこには「内的帰責性」（Innere Zurechnung）が認められる。この帰責性はカントによれば義務の概念に含まれている。

義務概念はすべて法則をとおしての客観的強制を含み、規則を与える実践的悟性に属している。ところが、法則の下に立つ一事例〔功績のある、あるいは落度のある〕としての一つの行ないの内的帰責のはたらきは、判断力に属する。そして判断力は、行為の帰責の主観的原理として、その行為が実行として行なわれたかどうかを、法的に有効に判断する（『人倫の形而上学』前掲訳書、282頁）。

義務には当然この帰責性が含まれているが、義務を負うている存在はその人がなすべきことをなし得ると仮定している存在である。ペラギウス主義者カエレスティウス Caelestius (or Celestius, 5th cent.) はこの点に関して明瞭に次のごとく述べている。

人間は罪なしに存在すべきであるかどうかが問われなければならない。疑いの余地なく人間はそうあらねばならない。もしそうあらねばならないのならば、そうありうる（「人間の義の完成」金子晴勇訳『アウグスティヌス著作集9』教文館、253―254頁）。

同様にエラスムスも「それゆえ、人間はこれらのことをなし得る。さもなければ、命じられていても空しいことであろう」（ルターが要約した言葉 WA. 18, 678）と言う。わたしたちはカントの有名な言葉「あなたはなすべきである、ゆえになすことができる」（Du kannst, denn du sollst.）をここで想起するであろう。このように言われていても、それは義務から能力や可能性を導き出しうると言っているのではない。義務や当為はそれをなし得る存在でわたしがあることを見いだすのである。カントは死刑の威嚇によって偽証を強制された人がそれを拒否しうるかどうかについて問うた後、次のように言う。「彼は或る事をなすべしということを意識するが故に、それをなしうると判断し、また道徳的法則がなければ決して知られなかった自由を自己のうちに認識するのである」（『実践理性批判』前掲訳書、50頁）。

道徳法則が自由の認識根拠となっている。こうして意志は自由であり、当為は実現可能である。しかし、現実には当為は実行に移されることはきわめて稀である。可能性はかならずしも現実性とはならない。否、そのような可能性「にもかかわらず」正反対のことが結果する。実際、近代科学の粋をこらした設備にも拘わらず、不測の事態は起るし、多くのデータを集めた研究にもかかわらず、思わぬミスが出るようなものである。ましてや人間の道徳生活においてをやである。このような「にもかかわらず」なされた罪過は結局、良心の光を曇らせることとなる。森鴎外（1862-1922）は短篇『最後の一句』でこれを「良心の鏡を曇らせる」と表現する。人間の自由は絶対的なものではなく、有限的であり、強力ではなく、きわめて脆弱である。こうして先の可能性は単なる理想となり、現実は確かに低次のものとなっている。

良心の働きはこのような理想と現実との亀裂から発生してくる。この亀裂は良心の呵責のなかで全体として表現されている。そこには次のような対立する二つの契機が認められる。①わたしは義務を認めるし、義務にふさわしい力がわたしのうちにあることをも知っている。②しかしわたしは義務を命じる法に反対して行為してしまったことを承認する。その責任はわたしにある。わたしは当然なすべきことをしなかった。ここに罪過と良心の呵責が生じている。罪過は元来わたしが行ない得なかったものであるのに、それにもかかわらずわたしは罪過のうちに陥っている。こうして本来的なわたしと非本来的なわたしとの分裂は理想と現実との齟齬から生じており、わたしがわたしを告発し、審判することによって、良心の呵責が現象してくる。

理想と現実とのこの齟齬は理性的なものと非理性的なものとの対立である。西田幾多郎（1870-1945）はこの観点から良心の声を捉えて次のように語っている。

単に理性的なものにも、又単に非理性的なるものにも、良心の声というものは聞かれない。非合理的なるものの底に聞える理性の声、肉の底に聞える霊の声が良心の声である（「無の自覚的限定」旧『西田幾多郎全集6』230頁）。

このようにして告発し、審判する良心の現象について次に文学作品を手がかりにして解明てみよう。

## (4) 告発し審判する良心

良心が罪を告発し審判する現象を先にも引用したシェイクスピア（William Shakespeare, 1564 - 1616）の『リチャード三世』（福田恆存訳）からまず考察してみよう。権力志向に燃え立つリチャードは親族や近臣を次々に殺害し、遂に王位について野望を達成する。これを知った母は息子の犯罪を指摘し、厳しく非難する。しかし母や親族の告発は彼の良心を覚醒するにいたるどころか、かえって力づくで告発の声を消してしまう。未亡人となった母は次のように言う。

未亡人　ええい、醜いひき蛙、兄のクラレンスは、その子のネッドはどこにいる？
エリザベス　あの人の好いリヴァーズは、ヴォーンは、グレーは？
未亡人　深切なヘイスティングズはどこにいる？
リチャード王　喇叭《ラッパ》だ、吹け！　太鼓を、進軍の太鼓を鳴らせ！　いやしくも神の聖油を塗られて王冠をいただく身だ、それを陥れようとの根もなき言いがかり、何も天に聞かせることはない。太鼓を打てというのに！　おとなしく筋道たてての歎願ならいざ知らずそのような悲鳴は、こうして軍鼓《ぐんこ》の響きで押しつぶしてしまいますぞ。

神も人も怖れないこの不敵な男も、夢の中で殺害したすべての人たちの亡霊が現われてきて、明日の戦いには負けて審かれると告げられると、たちどころに良心は恐怖にさらされてしまう。マクベスの場合でも同じく亡霊が現われると良心は戦慄する。リチャードは夢の後で叫ぶ。

ああ、臆病者の良心め、どうしてそう俺を苦しめるのだ！　虚《むな》し火が青く燃えている、亡霊でもいるのか。真夜中だな。この震えおののく肌に、びっしょり、冷たい滴が。

これに続くのが良心の自己告発であり、有罪の宣告が次のように発せられている。

良心のやつ、百千《ももち》の舌を持っているのだな。その一つ一つが勝手なことをぬかしおる。そして、そのどれもが、俺を悪党呼ばわりだ。偽証の罪を犯したときめつけてくる、人殺し、それも極悪非道、このうえなしの冷酷な人殺しだと。大なり小なり、きょうまで犯した数々の罪が、一緒になって法廷になだれこみ、「有罪だ！　有罪だ！」と喚《わめ》き散《ち》らしている。絶望だ。身方は一人もいない。俺が死んでも、誰も、涙一つこぼしはしない。いるわけがない、俺自身、自分に愛想をつかしているのに、誰が涙を？

リチャードは最後の決戦を前にして自己反省によって良心の告発を受けていても、罪責を素直に認め、悔根《かいこん》にいたることはない。彼は強情にも自己の権力をもって良心とする力への意志を表明している。

泡沫のごとき夢に怯えることはない。良心などという言葉は、臆病者の使うものだ、もともと強者を嚇《おど》すためにこしらえた言葉だからな。この力だけが良心、剣をもって法となすのだ。さあ、行け、勇敢に突撃しろ、あとは滅多斬りだ。天国に行けなければ、そのときは、もろともに地獄落ちだぞ。

権力主義者は力を良心となし、剣を法とする。これでは暴君以外の何者でもない。発狂したマクベス夫人の独白にも同様の表現が見られる。消えない「しみ」についての独白で次のように言われている。

消えてしまえ、呪わしいしみ！　早く消えろというのに！　……ええい、情けない、あなた、情けないったらありはしない！　武人だというのに、こわがるなんて、それでよいのですか？　誰が知ろうと恐れることがあって？　権力に向って罪を責めるものがあるとでも？　でも、誰だって思いもよらないでしょうね、年寄りにあれほど血があるなどと？

この独白を聞いた侍医はマクベスに夫人が妄想にとりつかれていると伝える。夫人は心の病いが重く、不眠に苦しんでいるが、「してしまった以上、もうとりかえしはつかないのです」と独白しているのを見ると、彼女の苦悩は修復不可能性という良心の痛みに由来していることが知られる。マクベスは侍医に対し次のように問うている。

それを治してくれぬか、心の病いは、医者にはどうにもならぬのか？　記憶の底から根ぶかい悲しみを抜きとり、脳に刻まれた苦痛の文字を消してやる、それができぬのか？　心を押しつぶす重い危険な石をとりのぞき、胸も晴れ晴れと、人を甘美な忘却《ぼうきゃく》の床に寝かしつける、そういう薬はないというのか。

マクベス夫人はひるむ夫をけしかけ、ダンカン王を殺害させる。だから良心の一かけらもない権力意志の権化《ごんげ》のようにみえる。夫人にとりマクベスの見たダンカンの亡霊は「自分の恐怖心が生んだ絵姿」にすぎない。しかし夫人の心には夫の流した血のしみがどうしても消えない。こうして心の底に「苦痛の文字」が刻まれ、「心を押しつぶす重い危険な石」が重圧となっている。リチャードもマクベスも力への意志によって神をも法をも踏みにじり破滅するが、マクベス夫人は良心の苦痛によって死にいたる。

ゲーテの『ファウスト』も良心現象のすぐれた叙述のゆえに注目されなければならない作品である。自我を追求してやむことのないファウストはグレートヒェンを恋し、彼女を罪に追いやり、良心の呵責に突き落とす。「マリヤ像の前」での祈りと「聖堂」における彼女の良心の苦悩は、その頂点に達する。隠れた情事のために飲ませた睡眠剤がもとで母は死に、兄もファウストと口論のすえ死にいたり、しかも胎内にはうごめくものを感じて、娘の心は動転してしまう。敬虔な彼女はマリヤに次のような祈りをささげている。

誰が察してくれましょう。
骨身をえぐる
この痛みを。
わたしのあわれな心が何におびえ、
何におののき、何をねがっておりますか、
それをご存じなのは、あなたばかりでございます。

どこへまいりましても、
わたしの胸のここが、
どんなにせつなく、せつなく、せつなく、
痛むことでございましょう。
ひとりきりになりますと、
胸も裂けよと、
泣いて、泣いて、泣きとおします。
（手塚富雄訳、以下同）

心胸の痛みをマリヤに訴えるこの告白の歌は良心の悲痛の叫びであり、『ファウスト』の中の恋愛歌に匹敵する傑作である。この良心の苦悩は聖堂において「苛責の霊」に責めさいなまれるところで最高峰に達する。ここに告発し、審判する良心現象を扱った文学の最高の表現をわたしたちは見ることができよう。

**呵責の霊**　なんという変り方だ、グレートヒェン。
まだ罪も汚れも知らず、
この祭壇の前に出て、

親ゆずりのすり切れた祈祷書をひらき、
もつれる舌で、讃美歌をうたったのは、
なかばは無邪気な子どものおまえ、
なかばは心に神をやどしたおまえだったのだ。
グレートヒェン!
おまえの分別はどうした。
おまえの胸には、
なんという罪のかたまり。
おまえはおまえの母の霊のために祈るのか。その母は、
おまえの手にかかって、長い長い業苦を受けに、あの世へ旅立ったのだぞ。
おまえの家の閾《いき》は誰の血でよごされたのか。
そのうえおまえの胎内には、
早くもうごめくものがあって、
不吉な予感と動かしがたい存在とで、
おまえを悩まし、みずからも悩んでいるのだぞ。
**グレートヒェン**　ああ、せつない、せつない。

逃げだしたい。この思いを振りはらうことはできないものか、
胸のなかを行き来して、
わたしを責めるこの思いを。

**呵責の霊**　禅の怒りがおまえを襲う。
ラッパが鳴る。
墓という墓がふるう。
そしておまえの魂は、
死の灰の沈黙から
焔の苛青へと
掻きたてられて
おののくのだ。

**グレートヒェン**　ここを出たい。
オルガンの音が、
わたしの息をとめ、
心臓は、あの歌声に
ずたずたに引き裂かれる。

…………
ああ、胸がくるしい。
石の柱が
締めつける。
円天井が
圧しつける。――もう、息ができない。
**呵責の霊**　いくらおまえが隠れても、
罪と恥は隠しおおせぬぞ。
外気にさらされたいのか。光に射すくめられたいのか。
呪われたものよ。

苛責の霊は告発し審判する良心を示している。この霊はグレートヒェンの前に幼い無垢な姿と神の像としての優れたあり方をはじめに描き、現実の罪にまみれた姿を対立的に提示し、理想と現実、過去と現在、神の像とその破壊を対比させ、厳しい告発をする。確かに彼女はメフィストフェレスが誘惑しようにも手がかりが見いだせないほど純粋無垢な女性であり、神を敬う敬虔な信者であった。このように道徳的にも非の打ちどころのない純粋な心の人にこそ罪は激しい苛責

ドラクロワ『ファウスト』、聖堂のマルガレーテ

となって迫ってくる。その心胸に重くのしかかる「石の柱」こそ、マクベスが「心を押しつぶす重い危険な石」と語ったものと同じものであって、良心は重圧の霊として重く暗い力となって絶望と死へ人を追いやる。だからファウストが獄中から彼女を救いだそうとしても、打ちのめされた彼女はそれに応ずることができない。

わたし、参れませんわ。もうなんにも望みのないわたしです。
逃げたってどうなりましょう。待ち伏せしていますわ。
乞食までするのは、あんまりみじめです。
それに良心の苛責はどうすることもできませんもの。
知らない国をさまようのは、あんまりみじめです。
それにやっぱりつかまってしまいますわ。

ここに「良心の苛責」と訳されている言葉は「やましい良心」(das böse Gewissen) であり、この良心をもったままでは生きられないと言う。このようなグレートヒェンに対しメフィストは「裁かれたのだ」と告げるが、天上からの声は「救われている」と宣告して悲劇の第一部は閉じられる。この結末についてわたしはルターの次の言葉を想起させざるをえない。「たしかにわたしたちの良心からは告発する心の想いしかでてこない」――これは倫理的に真剣な反省から語られたものであるが、この良心の苦悩を見ている神は弁護者となって告発する良心を救いうる。だから続けてこう言われる――「弁護者は告発者よりも大である。しかも無限に大である。神は弁護者であり、心は告発者である（Deus defensor, cor accusator）」（WA. 56, 204）と。

告発し審判する良心を主題とする文学作品はこの外にも多く見いだすことができよう。そのなかで、二、三のものをわたしはここに紹介しておきたい。

**ホーソンの『緋文字《ひもんじ》』**　アメリカのピューリタン文学を代表する作家ホーソンの『緋文字』は、全篇が良心現象の一大叙述となっている。姦淫の罪を犯した牧師は相手の女性が身に付けた緋文字Aよりもいっそう深い焼印を身体に刻みつけていた。それはさらに深い良心の呵責が針で刺し傷つけた印であった。

> 錠をおろしてあるデムズデール氏の密室には、血だらけの笞があった。このプロテスタント・ピューリタン牧師は、しばしば笞を自分の肩に加えながら、自分に向ってひどく笑い、ひどく笑いながら、ますます無惨に自分を鞭うった。……彼はいくら自分を苦しめても、自分を清めることができない、不断の内省をこのようにして象徴した」（佐藤 清訳以下同）。

作品の終わりで牧師は人々が大勢集っているニューイングランドの祭りの只中で自分の罪を告白し、上衣をとって自分の身体に刻まれた緋文字を見せ、息たえて死ぬ。この出来事について著者は次のように説明を試みている。

彼はあなたがたに、もう一度ヘスタの緋文字をよくごらんなさいと申します！　あの緋文字は、秘密な恐しさがありますけれど、彼自身の胸の上にあるものの影にすぎないし、彼自身の赤い焼印でさえ、最も深い内心をこがしたものの徴しにすぎないと申しあげます。罪人にたいする神の審判を疑う方が、どなたか、ここに立っていらっしゃいますか。ごらんなさい！　神の審判の恐しい証拠人を！　……それから牧師の特別な感受性と、牧師の精神がからだの上に及ぼした驚くべき作用とを、最もよく識別することができた人々は、——この恐しい表象《しるし》は、後悔という不断にかむ歯のあとであって、心の奥底から外に向ってかんでゆき、最後に、目に見える文字を現出して、神の恐しい審判を示したのであるとささやいた。

ピューリタンは倫理的な厳格主義のゆえに精神史の上で特色をもっている。そこには良心がとくに鋭敏になっていたので、ひとたび罪を犯すと、激しい呵責が良心を襲うという現象が生じてくる。「良心のない人間だったら平和を見いだしていたのに……一番すぐれた神の賜物という賜物が、どれもこれも、精神の苦しみを与える道具となった」。つまり、良心という神の優れた賜物が責苦の道具になっているというのである。したがって良心の呵責をもつということは、人間存在が良心でもってその他の実在よりも優れたものであることを逆説的に示している。ここにも倫理的理想の高さが現実の罪の深さと一つに落合って良心体験が生起しているといえよう。

**キルケゴール『死にいたる病』**　良心の苛責はキルケゴールが「死にいたる病」、つまり死病として特徴づけた絶望と様相を等しくしている。死病は死にいたるまで苦しめるが、決して死にいたらせないため、絶望が自乗となっている。

しかし、絶望みずからが欲することとは、自己自身を食い尽くすることであるが、これが絶望にはできないのであって、この無力さが自己食尽のひとつの新たな形態となる。……それは絶望の自乗、あるいは自乗の法則である。これは絶望を焚きつけるもの、あるいは、絶望のなかの冷たい炎であり、絶え間なく内に向かって食い入り、だんだん深く自己食尽のなかへ食い込んでいく呵責なのだ（「死にいたる病」桝田啓三郎訳、『世界の名著40』、442頁）。

## トルストイのロシア伝説『四十年』

良心の呵責のこの種の形態はトルストイやドストエフスキーの手によって見事に描き出されている。

小ロシア伝説『四十年』はトロヒームという男の犯罪が「四十年」後に罰せられ、良心の呵責も鎮められぬまま信仰を失った物語である。トルストイはこの伝説に最後の第14章を書き加えて完成させた。彼はもはや良心の呵責という言葉を用いない。しかし、その叙述は呵責による良心の現象以外の何ものでもない。主人公トロヒームは生存競争のためかつて商人を殺した自分の犯行そのものを、息子が自分に向け、自分を殺した上で自分の財産を我物にしようとねらっていると信じこみ、部屋に錠をかけ、食事に毒が入っていないかと疑い、愛していた孫たちにも冷たくなっていった。「以前には彼にあれほどの喜びをもたらした財産や金が、今はただ彼を苦しめるばかりであった。彼は、それらを他人から守ることに懸命だったが、彼自身そうであったような神を持たぬ人間からそれらを守ることはできない相談のような気がしてならなかった」。自分が殺され財産を奪われることから救われる唯一の方法は「彼の知っていること、神も裁きもないということを人に知らせないようにして、その反対を全力をあげて吹き込むことである」。

こうして彼は格別信心深くなった。しかし、このように神をも自分の安全保証のために利用した彼には、実際、人生の真の喜びはもはやなくなっていた。とはいえ外見上では彼は大往生をし、盛大な葬儀が行なわれた。「しかし」、とトルストイはいう「神以外にはだれひとり、トロヒームの犯罪のことも、彼が自分のうちに神を見失って以来、どんなに苦しい罰を受けたかということも知らなかった」と。

**ドストエフスキーの「不恩義な訪客」とスタヴローギン**　この物語は『カラマーゾフの兄弟』にあってゾシマ長老の生涯にあった物語で14年前に犯した犯罪を告白する情況を語る。この客人ミハイルは罪責感にかられて罪をゾシマに告白するが、同時に自分の犯罪を知られたことに不安を感じて、ゾシマをも殺そうとする。だが、彼はすべてを告白して救済される。しかし、ドストエフスキーが描いた告発し、審判する良心の現象は、『悪霊』の主人公スタヴローギンのうちに結実して最も生き生きと把握されている。このスタヴローギンというドストエフスキーの創作した傑作は心のやさしい人であるが、善悪の区別を無視し、自己の欲望にのみ生きるニヒリストでかつエゴイストの卑劣漢である。彼の犯した罪の中でも少女マトリョーシャに対する行為は法律上の罪ではないにしても、倫理的には最も恥ずべきもので、彼女の哀れな姿が夜ごとに悪霊となって現われ、彼を攻撃し、絶望のうちに沈める。この哀れな孤立無援の存在のみじめさが、彼の心に焼き付いて、取りのぞくことができないものとなっている。ドストエフスキーはこれを「良心の苛責」ともいい、これにより有罪の決定的な宣告を主人公が受けたと述べている。

わたしはマトリョーシャを見たのだった。あのときと同じように、わたしの部屋の戸口に立って、わたしに向って顎をしゃくりながら、小さな拳を振りあげていたあのときと同じように、げっそりと痩せこけ、熱をもったように目を輝かせているマトリョーシャを。いまだかつて何ひとつとして、これほどまで痛ましいものをわたしは目にしたことがない。わたしを脅しつけようとしながら、むろん、おのれひとりを責めるしかなかった、まだ分別も固まっていない、孤立無援の存在のみじめな絶望！　いまだかつて、わたしの身にこのようなことが起こったためしはなかった。わたしは深更《しんこう》（深夜：編注）まで、身じろぎひとつせず、時のたつのも忘れてすわっていた。これが良心の苛責、悔恨《かいこん》と呼ばれるものなのだろうか。……わたしは哀れで、哀れでたまらなくなり、気も狂わんばかりだった。そして、あのときのことがなくなってくれるものなら、わたしの体を八つ裂きにされてもいいと思った。わたしは犯罪のことを、彼女のことを、彼女の死のことを悔んだのではない。ただただわたしはあの一瞬だけが耐えられなかった、どうしても、どうしても耐えられなかった、なぜなら、あのとき以来、それが毎日のようにわたしの前に現われ、わたしは、自分が有罪と認められたことを完璧に知らされたからである。（江川 卓訳）

有罪として判決を受けた良心は文学的にこのように叙述されている。この判決には裁判官のい

郵便はがき

恐縮ですが
切手を
お貼りください

113 - 0033

東京都文京区本郷 4-1-1-5F

株式会社ヨベル YOBEL Inc. 行

ご住所・ご氏名等ご記入の上ご投函ください。

ご氏名：（ 歳）

ご職業：

所属団体名（会社、学校等）：

ご住所：（〒 - ）

電話（または携帯電話）： （ ）

e-mail：

表面に ご住所・ご氏名等ご記入の上ご投函ください。

●今回お買い上げいただいた本の書名をご記入ください。
書名：

●この本を何でお知りになりましたか？
1. 新聞広告（　　　）2. 雑誌広告（　　　）3. 書評（　　　）
4. 書店で見て（　　　書店）5. 知人・友人等に薦められて
6. Facebook や小社ホームページ等を見て（　　　）
●ご購読ありがとうございます。
ご意見、ご感想などございましたらお書きくだされればさいわいです。
また、読んでみたいジャンルや書いていただきたい著者の方のお名前。

・新刊やイベントをご案内するヨベル・ニュースレター（E メール配信・不定期）をご希望の方にはお送りいたします。
（配信を希望する／希望しない）

・よろしければご関心のジャンルをお知らせください
（哲学・思想／宗教／心理／社会科学／社会ノンフィクション／教育／歴史／文学／自然科学／芸術／生活／語学／その他（　　　）

・小社へのご要望等ございましたらコメントをお願いします。

自費出版の手引き「**本を出版したい方へ**」を差し上げております。
興味のある方は送付させていただきます。
資料「**本を出版したい方へ**」が（必要　　必要ない）

見積（無料）など本造りに関するご相談を承っております。お気軽にご相談いただければ幸いです。

＊上記の個人情報に関しては、小社の御案内以外には使用いたしません。

ない法廷、幻影はあっても告訴人のいない告発、起草人のいない判決文が現存していて良心を責めたてる。これらすべては罪責感情から生じており、良心のゆえにカフカ(Franz Kafka, 1883 - 1924)が言うように「有罪判決が破滅となっている」といえよう。

## (5) 倫理的「やましくない良心」

わたしたちは「審判する良心」の現象を主として倫理の領域で考察してきた。倫理は元来他者との共同の生をいかに生きるべきかを問うているが、それは単に外的に法律に適っている「合法性」よりも、内的に道徳法則を遵守し、義務のために義務を負う「道徳性」によって考察されなければならない。外的法律から内的道徳へと向かう内面性は同時に外的な個別的行為よりも、その行為を起している人間存在そのものを問題とするため、倫理的良心はわたしたちの存在そのものを審判し、有罪の判決を下したのであった。ここに「やましい良心」が成立し、そこからの解放を求める宗教への方向が芽生えてくる。

しかし倫理的良心はかならずしも、このような内面化とその超克へと向かうものではない。その反対に倫理的に益々厳格に対処し、法をいっそう厳密に規定し、すべての戒めを守ることによって完全性を求めようとする。そこには細心で繊細な意識が良心として働き、すべてに気くばりするデリケートな「細心」(scrupulosity) となって現象する。細心な人は万事をもれなく、とどこおりなく、完璧に実行し、置かれた状況をも無視して、重大事と同様に細事に拘泥し、多数の、否、無限の戒めの解きがたい迷路のなかに自己を閉じこめ、義務は列挙されて累積し、神と人とを愛する単純な生き方と対立してしまう。こうして倫理的良心はあの存在への内面化が生じないとき、細事にこだわる病理学的現象を呈するにいたる。

心症者の場合、自分が悪事をなし負い目をもつと感じるとき、罪責を個別的な行為のうちにさがし求め、小さな偶然的な失行を見いだして、そこに最大の非難を向けることが起こる。ここには細事にこだわって、事柄の本質を見ない人の陥る陥穽《かんせい》(おとしあな)がある。したがって針小棒大はほらふきであるばかりでなく、病理的な良心現象である。ルターによると小さな罪を法外に大きく見せるのは悪魔の働きであり、この働きを蒙《こうむ》った人は「悪魔の殉教者」として次のように呼ばれている。

すべて迷信と偶像崇拝は人間をまさしく責め苦しめる。その有様は自己自身の上に必要以上に苦悩を積み上げている者が、ドイツ語によって「悪魔の殉教者」と呼ばれているようなものである。また「天国よりも地獄の方がより多くの汗と労苦によって備えられている」というドイツ語の格言もある(『生と死について —— 詩編90編の講解』金子晴勇訳、創文社、100 − 101頁)。

良心はその発端においては確かに犯した個別的行為にかかわって生起しているにしても、そこから自己の存在に向かって内面化が反省によって生じないと、細事にこだわって自己の周囲に罪責地獄を造りだす。また同時に法の細分化も無限に進み、強迫観念のとりことなってしまう。こうして法自体が罪の源泉となり、「わたしは死にました。そして、命をもたらすはずの掟《おきて》が、死に導くものであることが分かりました」(ローマ7・10)と語られるようになる。

しかし、倫理的良心のなかに確固不動にとどまり続ける人もいるであろう。つまり、罪責意識をもたない「やましくない良心」を堅持する人も多分いるであろう。道徳的な是是非非主義に立つ人は、理性の判断に従って合理的に行動できると自認している。この是是非非という行動は、一見すると倫理的確信に満ちたもののような外観を呈しているが、状況を無視した、ひとりよがりで偏狭な考えにこりかたまっており、社会から孤立して独善的であり、義務間の葛藤に悩む真実の良心が欠けている。したがって倫理的に「やましくない良心」の人は自己だけを聖別されたとみる、パリサイの徒にすぎない場合が多く、自己の生き方だけを絶対視する高慢な態度のゆえに、「やましくない良心」の善性は、かえって高ぶりという悪に急変する傾向をもっている。事実、倫理的完全は有限な人間には与えられていないのである。ファウストは次のように告白している。

ああ、人間にはけっして完璧が授けられないことを、
おれはいまつくづくと感じる。

倫理の道は自己完結性をもっていない。なぜならその道の完全性は同時に自己欺瞞と高慢の罪にほかならないところに、人間の有限性の事実が顕著に示されているからである。

# 第4章　良心の現象　その3――宗教的良心

これまでわたしたちは倫理的良心の現象について考察してきたのであるが、さらに次の宗教的段階に進んでいかなければならない。というのはなんぴとも倫理段階の特質であった審判する良心にとどまり続けることはできないからである。良心の審判と判決にわたしたちは服さなければならないにしても、この状態では安息も満足もないため、なんらかの方法によってこの事態を解決しなければならない。この審判する良心はあたかもカフカの『審判』に登場してくるジョセフKのように無意味な訴訟にもち込んでも結着にいたることはない。聖堂の僧が語った譬話に述べられているように「掟の門」にみずから立ち入って、掟の審判に服さなければならない。審判を外的手段によって回避し、解消しようとするのは、倫理的真剣さが欠如しているといわなければならない。倫理的に厳しい自己審判のないところに、真の救済は決して希望できないからである。心の傷を浅くいやす預言者についてエレミヤは攻撃して言っている。

彼らは、わが民の破滅を手軽に治療して
平和がないのに、「平和、平和」と言う。（エレミヤ書6・14）

それゆえ、わたしたちは倫理的な審判をする良心をいっそう鋭くすることによって宗教的段階に達するという道をとらねばならない。なぜなら宗教は永遠者なる神の前にわたしたちが立って、その語りかけを聞くことによって拓かれてくるからである。だから掟や律法も単なる書かれた文字として外的に読むのではなく、すべてを照覧する永遠者の前で、同じ文字が語られると、その言葉はわたしたちの良心を厳しく糾弾しはじめるようになる。

## (1) 倫理的良心から宗教的良心へ

ボナヴェントゥラは神との一致した生活にいたる方法を説いた『三様の道』で霊魂を浄化する方法として「**良心の針**」を用いるように勧めた。

先ずこの良心の針を使うが、それは第一にこれを刺戟し、第二にこれをとぎすまし、第三にこれを直くしなければならない。すなわち、罪を想い起こしてこの針を刺戟し、自己を糾明してこの針をとぎすまし、善を省察してこの針を真直ぐにしなければならない。罪の想起は、精神をして自らその罪を咎《とが》めしめるように、多くの怠慢、邪欲、悪徳を思い出させるであろう。われわれの現在の罪と今まで培った悪しき習性とは結局上の三つに帰するからである。……このように、良心の針が罪の想起によっていかに刺戟されざるをえぬかを見た上で、今度はこの針が自己の糾明《きゅうめい》によっていかにとぎすまされるかを見なければならない。ところで、人は自己について、次の三つのこと、すなわち、刻々と迫りつつある自己の死の日、十字架上の聖なる鮮血、眼前にある審主の聖顔の三つを思いうかべなければならない。この三つの表象によって良心の針はすべての悪に逆うようにとぎすまされて鋭くなる（ボナヴェントゥラ『意志の倫理的完成について』今道友信訳「世界人生論全集3」244、246頁）。

この文章のなかに良心の針が刺戟され、怠慢、邪悪、悪徳という自己の状態に対する倫理的な反省がまず語られ、次いでこのような自己を告発して良心の針を研ぎすますことが勧められた。この針をとぎすます際に、あげられている三つの表象、「刻々と迫りつつある自己の死の日、十字架上の聖なる鮮血、眼前にある審主の聖顔」は永遠者の前に立つ自己糺明であり、倫理の段階から宗教の領域に進んでいるといえよう。倫理の段階では自己を告発するのは理性であり、その尺度も理性によって定められた法であったが、今や自己を超えた永遠者の前に立ち、良心の針はとぎすまされて、厳しい糾弾《きゅうだん》がなされるようになる。永遠者の前に立たない場合には、理性はカントが語っていたように良心によって告発するよりも、弁護する側に回りやすく、原告の姿は消えて、自己弁護、つまり自己義認に終始してしまう。ここでは神の律法をも自己の義のために手段化する律法主義や道徳主義、さらに外面的な律法遵守を解くファリサイ主義などの偽善に転落する必然性が見られる。こういう自己欺瞞を徹底的に打ち砕くのは、律法ではなくて、律法を自らの意志として語りかける神の力なのである。この力ある神の前に良心が立ち、律法を神の言葉として聞くとき、良心の針はとぎすまされて、わたしたちの存在全体が問われるようになり、個々の行為を行なっている人格存在の全体が問い質されるようになる。

ボナヴェントゥラは良心の針がとぎすまされるために用いられた三つの表象について語った前の引用文に続けて次のように述べている。

第一にそれは確かに自己の死の日を考えるときに鋭くなる。というのも、その日は自分で定めるわけにはゆかず、また自分でとり消すわけにもゆかず、人はよく考えてみれば、まだ自分に時間があるうちに、あらゆる怠慢や邪欲や悪徳から浄められようと注意深く努力するにちがいないからである。明日にも死ぬかも知れないほど先のことは定かでない以上、誰がまことに罪の中に留まろうとするであろうか。

第二に、人の心を呼び醒し、洗い浄め、そして柔軟にする目的で流された十字架上の聖なる御血、すなわち、汚れを浄め、死に生命をあたえ、すくいへの努力をみのりゆたかにする目的で流された十字架上の御血を想いうかべるとき、良心の針はとぎすまされて鋭くなる。そこでとにかく、この極めて貴い御血がわが身のためにそそがれたことを考えてみるならば、誰が怠慢や邪欲や悪徳の罪の支配にまかせるほどたよりないものでありえようか。

第三に、審主の聖顔を想うとき、良心の針はとぎすまされて鋭くなる。というのもイエズス・キリストは誤謬を犯すことがなく、その義を妨げることができず、またその支配から逃れることができない御者だからである。誰もその知恵をあやまらし、その正義を枉《ま》げ、そのむくいを逃れることはできない。まさしく、いかなる善もむくいられずにすむことはなく、いかなる悪も罰せられずにすむことはない。これを思えば、すべての悪に対して誰が敏感にならずにいられようか（ボナヴェントゥラ、前掲訳書、246－247頁）。

良心の針をとぎすます方法として人間存在の有限性、キリストの十字架、最後の審判という三つの表象はボナヴェントゥラ以後でも多く用いられてきた。中世の有名なザンクト・ガレンの讃美歌の一節「生のさ中にあって、我らは死に囲まる」も人間存在の有限性を主題にしているし、コルマールにあるグリューネヴァルト（Matthias Grünewald, 1470/1475 - 1528）はのキリスト磔刑《たっけい》像は人々に罪責感を強烈にひきおこさずにはおかない。またダンテ（Dante Alighieri, 1265 - 1321）の『神曲』やダ・ヴィンチ（Leonardo da Vinci, 1452 - 1519）の『最後の審判』もわたしたちを戦慄させている。しかし、これらの表象もその背後に永遠者なる神の意志が現存していないとしたら、単なる唱歌や芸術作品として鑑賞されるにすぎないであろう。人間存在の有限性の表象としての死であっても、単なる自然死であるならば、そこには良心問題はおこってこない。自然の死であるならば、かえって「夢一つ見ない眠り」（ソクラテス）となって安息に入ることを意味する。死を通して永遠者がわたしたちの罪を罰すると感じられるとき、良心は罪責を負うものとしてその針をするどくし、わたしたちを審判するものとなってくる。

このような審判する良心現象はすでに倫理の段階でも見られた。倫理的段階でも審判をおこなう良心がいわば上位の自己となって罪を犯した下位の自己を裁く形式をとり、良心と自己とは分裂していた。だから良心は自己に対していわば外側から、一段と高いところから迫って、犯された罪を告発するものであった。審判する良心の特質はこのような上位下位の位相の局面において現象していることに求められる。しかし、この場合でも良心は審判してはいても、法（自然法と実定法）の代弁者なのであるから、法自身の方が良心より上位の存在なのであった。

ところが法の背後に永遠者の意志が感じとられる宗教の段階に入ってくると、良心は永遠者の意志の代弁者でありながらも、いっそう内面化が進むため下位の自己自身と一体化し、共に苦悩しながら自己を担い支えるようになる。こうして良心は心情の奥底につきささり入って行って、主体的に罪責を負うものとなる。これこそ「やましい良心」（mala conscientia, das böse Gewissen）にほかならず、審判する良心から審判され主体的に呵責する良心へと発展したものといえよう。

やましい良心は宗教的段階には顕著に認められるが、倫理的段階のなかで芽生えてくるため、倫理から宗教への移行過程にまず注目して、そこでの良心現象の特質を明らかにしてみよう。

## (2) やましい良心の発生過程

やましい良心はいかにして生じてくるのであろうか。さまざまな解釈がこれまで提出されてきている。なかでもニーチェがこれを一つの病理的現象として解釈したことが想起される。彼によると元来は漂泊的で自由であった人間が国家的体制にしばられ、その掟により社会的制裁を受けると、内面に転向し、自己自身を苛虐《かぎゃく》し悩ます病気が生じる。これが呵責《かしゃく》するやましい良心であるといわれる。

しかし大西祝《はじめ》（1864 - 1900）がその『良心起源論』で良心の社会的制裁説を批判したときにも明瞭に説かれていたように、わたしたちの意識のうちに理想と義務の観念がないならば、制裁は単に外面的な裁きにすぎないものとなり、合法性のみが志向されて、真の道徳性は生じて来ないといえよう（『良心起源論』警醒社、138、146頁）。カントがはじめて合法性から峻別された道徳性を説き、そこから内的法廷の意識としての良心を解明したのであった（この「合法性」とは法律に外面的に適っていることを指し、「道徳性」とは法律に内面的に合致していることをいう。これはカントによって説かれた区別である）。とはいえカントは法廷を構成する原告と被告の二重性を叡知的自己と現象的自己との二元論によって説明したため、高い自己が低い自己を告発し、内的法廷で有罪の審判が下されていても、良心が実存的にいっそう内面化されて低次の自己との同一視が起こっていないため、やましい良心は生じていなかった。良心は審判する判断として法廷的表象で述べられていても、同時に審判された自己意識にまで内面化が進んでいなかったといえよう。そこにはやましさの意識があったとしても、このことは外側から観察されているものであって、自己自身の内的な自覚として生じてきてはいない。それではやましい良心の内的自覚はどのようにして生じてくるのであろうか。

このことを明らかにするためやましい良心の具体的体験を参照してみよう。それを最も明瞭に示しているマルティン・ルターと夏目漱石の『こころ』を典型的事例としてわたしたちは考察してみたい。

**ルターの良心理解**　ルターは良心を単に審判する力とみなすだけでなく、「神の前に立つ自己」として規定した。まず審判する働きは次のように定義されている。「だから、良心の職務は行為することではなく、行なったことおよび行なわれるべきことを審判することである。この審判は神の前に有罪とするか無罪とするかを行なう」(WA. 8, 606.)。この審判機能のほかに良心は神との関係の意識として次のように規定されている。

きわめて繊細な感じやすいものである良心は、閉じこめられると天と地が余りにも狭くなる牢獄でもある。なぜなら、良心はきわめて感じやすいものだからである。良心が閉じこめられるところには、どこにも出口が開けられていない。なぜなら、無限なる神がそこに存在していて、神の手からだれも逃れることができないからである（WA. 40 I, 521）。

ルターのもとでは良心は単に審判するのみならず、その繊細な感受性のゆえに神の前に立つ絶対的窮地に追い込まれている。この窮地は倫理的な良いわざを積むことによって神の恩恵を自力で、つまり自由意志の力で獲得しようと努力精進したことが挫折することによって生じてきた。倫理的には神の前に立つことが不可能であることを彼は自覚したのであった。もちろん彼は当時最も戒律の厳しい修道院に入り、道徳的努力を厳しく求めるオッカム主義の精神に従って神の前に功徳を積むことによって恵みに与りたいと願った。しかし、このように努力すればするほど良心は不安に戦《おのの》かざるをえなかった。後年彼は当時を回顧して次のように述べている。

わたしは自己自身で、また他の人々を見て〔修道院で〕体験したのである。すなわち、やましくない良心をもつ最善の人々が、あたかも鉄の身体をもっているかのように、断食し、粗い毛織物の衣服をまとってみずからを責め苦しめ、いっそう不安にからされているのをわたしは見た。実際、彼らほど恐怖に戦《おのの》く人たちをわたしは見たことがない。……なぜならわたしが良心を鎮めようと欲すれば欲するほど、わたしはそれと反対のことをなすからである（WA. 40 II, 14.）。

なぜこのような良心の不安が生じてくるのであろうか。一般的に言って「やましくない良心」の人がなぜ不安に戦くのであろうか。それはルターでは良心が神の前に立つ自己の意識となって現象しているからではなかろうか。それにしてもやましくないのに人はなぜ不安に戦くのであろうか。実はそこに倫理と宗教との本質的相違が存在しているといえよう。倫理の「倫」は元来「仲間」を意味している。ちょうど「道徳」（moral）が「習俗」（mos）から派生しているのと同様に、倫理は人と人との間柄を生きる理法（道理にかなった法則。）を意味している。それは結局、ルター的には「人々の前に」（coram hominibus）生きる在り方をいうのであって、「神の前に」（coram Deo）と対立する。それゆえ倫理的に何らやましい意識をもっていない道徳的な人間でも、神の前には自己の存在と行為をもってしても立ち得ないという経験がおこりうるといえよう。

事実、若きルターも道徳から宗教への道を連続的に考える傾向の強い後期スコラ神学に従って求道していた。だが、この道の行き先は出口のない律法の牢獄であり、逃げ道のない袋小路にすぎないことを彼は知らされた。というのは彼が出会った神は人間の心の奥底までも見透《みとお》す「無限なる神」であり、人間が功績によって宥められるような道徳的に規定された存在ではなかったからである。ましてや「贖宥状」によって罪が帳消しになることを赦すような人為的な神ではなかった。

**ルターの神観**　それではルターの良心がその前で戦慄した神とはどのような神であったのか。それは生ける神であって、俗なる被造物には耐えがたい聖なる実在として恐怖と戦慄をともなって経験された。この生ける神についての経験はタウラーの説教にみられるような地獄の責苦に近いものであることを知り、彼はタウラーの名前をあげてから次のように語っている。

ところでわたしもそのような苦しみをきわめて短い時間の間隔ではあるが、しばしば蒙ったことのある一人のひとを知っている。しかし、その苦しみは舌でもって語ることも、筆で書くことも、経験のない者が信じることもできないほど大きくかつ地獄的であった。こうして、もしそれが終わりまで続いたならば、あるいは半時間、いや一時間の十分の一だけでも続いたならば、人はまったく破滅し、その骨は灰に帰したであろう。ここで神はたけだけしく怒っているように思われる。そして神とともに同時に被造物の全体もそう思われる（WA. 1, 557.）。

ここで語られている「一人のひと」というのはルター自身を指しているといえよう。地獄の責苦は「骨が灰に帰する」全体的破滅の経験であり、これが実は良心によて感得される事態であることが次の文章に明らかに示される。

すべて苦難に会っている人にとって時間は長く、反対に喜んでいる者には短い。神が見棄て拒んでいるときに感じられる魂の内的苦痛をもつ者にとって時間は特別に測り知れなく長い。だから煉獄の一時間は、この世的で肉体的痛みの千年よりも苦しいといわれる。それゆえ、神、すなわち真実、正義、知恵などが拒まれ、罪と暗黒と呻きのほか何ものも残っていないときに生じる、良心で感じられる苦難ほど大きなものはない。そしてそれは地獄的苦痛と永遠の呪いの一滴、もしくはその前味である。それゆえ、これらはすべての骨、力、体液、髄と人間のうちにあるものを襲撃して苦しめる（WA. 1. 160.）。

このような神は経験したことのないわたしたちには全く理解できない。ただわたしたちが次ぎ次ぎに連続して不幸に見舞われるとき、神の怒りと呪いが下っていると感じられることは確かである。ルターの場合にはこのような経験があったとは推定しがたいにしても、神と全被造物が自己を攻撃してくると感じられるほどまで、良心が鋭敏であったことは確実である。過敏なまでに感じやすい良心の人にして初めて生ける神と接触したとき、恐怖と戦慄をもって自己の全存在が破滅していることを経験するといえよう。

このような良心の人が若き日に神の律法を厳格に守ろうとしていたことをここで想起するならば、彼が良心の危機に直面し、救済を求めて苦闘したことが理解される。彼にとって律法は神の言葉として直接良心に語りかけられ、命じられたものと感じとられている。そうして良心は神の言葉の代弁者となり、次のような自己告発を行なっている。

彼らが自己自身の許で自己自身から証言する良心によって、また「告発し、弁護する心の想い」（ローマ2・16）によって裁かれているように、同じ証人により神によっても裁かれるであろう。……神は次のように言いたもうとしておられるようである。見よ、わたしはあなたを裁かない。わたしはあなたがあなた自身に下す裁きに同意し、それを確認する。あなた自身があなたについて別様に裁くことができないのであるから、わたしもそうするほかない。だから、あなたが証言する意見と良心にもとづいてあなたは天国もしくは地獄に値するのである（WA.56, 203）。

良心の審判は同時に神の審判でもある。この自己審判は神の律法と心に記された法、つまり自然法によってなされているが、倫理的に真摯な者にして初めてその判断が神の判断に一致する。そこには自己弁明が入る余地がない。「確かにわたしたちの良心からは告発する心の想いしかでてこない。なぜなら、(もし神がその恩恵によってわたしたちの内に働きたもうのでないなら) わたしたちのわざは神の前に無であるから」(WA.56, 204.)。ここに倫理的段階から宗教的段階への移行が明らかに示される。すなわち良心は倫理的真剣さによって律法を遵守しょうと努めるが、律法によって知らされるのは自己の罪のみであり、良心は罪のゆえに自己を告発し、かつ、審判する。この良心の判断は同時に神の判断でもある。というのは良心は律法の背後にある神の前に立つ自己の意識となっているからである。こうして自己の心の奥底まで見透される神の前に立つことによって良心の内面化はいっそう進んで、罪を犯した低次の自己との同一視にまでいたる。

## (3) やましい良心と死

やましい良心はルターの場合にはすべてを照覧する永遠者の前での意識の鋭敏な状態によって発生していた。永遠者がわたしたちの良心を観ているという意識、つまり神の前でのやましさの自覚は強烈に喚起されていた。だが罪責の意識が強い場合には、神の前でなくとも、やましい良心は生起するといえよう。シュトーカーは次のようにやましい良心を規定している。

やましい良心は判決を下す者自身が惹き起した、悪しき、卑劣な行為について拒絶する判断である。……やましい良心の最終的中核をなしているものは、罪責の体験である(H. G. Stoker, op. cit., S. 142.)。

やましさに苦しむ良心は自己の行為を悪として判断し、自己責任を深く感じている。しかも、自分の窮地から自力で脱し得ない状況に追い込まれ、自分を助けることもできない悲惨な境涯にしばられ、自縛から自殺へと向かう傾向をもっている。

**漱石の『こころ』**　このような現象を漱石の『こころ』を手がかりにして明らかにしてみよう。この作品について第1章でも触れたので、ここではやましさの現象に限って考察する。まず初めに注目すべき点は「先生」といわれる人物が倫理的意識がとても高い人であるということである。それでも財産問題で苦労した経験から、抜け目なく行動する怜悧《れいり》さ、あるいは卑劣さを身につけていたと言えよう。これが友人Kに対する裏切りを起こし、法を犯す罪とは言えないまでも、友人を死に追いやる原因ともなった行為を生むにいたった。こうして良心の判決によって「やましさ」が生じてくる。

友人の自殺を目にしたとき、「もう取り返しが付かないという黒い光が、わたしの未来を貫いて、一瞬間にわたしの前に横たわる全生涯をものすごく照らしました」という判決を彼はうけている。良心は「黒い光」として彼のうちにうずく暗いやましさを照明する。この照明されたやましさは、償いに失敗することによって次第に彼の心のうちに深く食い込んで行くことになる。まず葬式の帰り道にそれが起る。

Kの葬式の帰り道に、わたしはその友人の一人から、Kがどうして自殺したのだろうという質問を受けました。事件があって以来わたしはもう何度となくこの質問で苦しめられていたのです。奥さんもお嬢さんも、国から出て来たKの父兄も、通知を出した知り合いも、彼とはなんの縁故もない新聞記者までも、必ず同様の質問をわたしに掛けない事はなかったのです。わたしの良心はそのたびにちくちく刺されるように痛みました。そうしてわたしはこの質問の裏に、早くお前が殺したと白状してしまえという声を聞いたのです。

やましい良心はここでは「ちくちく刺す」痛みをもつ「疼《うず》き」となって現象し、さらに白状を強いる声として自白衝動となっていることが知られる。犯罪者が自首せざるを得なくなるのは、この疼きと衝動であるといえよう。しかし、「先生」はとくに自首すべき犯罪を犯しているわけではなく、親友を裏切った卑劣な心を反省し苦悩しているのであるから、問題は純粋に良心問題であった。ただしこの「先生」は自尊心が強く、他人の前に恥をかきたくなかったために、友人や下宿の人たちに自己の裏切りを告白し謝罪することができなかった。こうして生じた良心の「やましさ」は心の奥深く食い込み、罪責と死の運命となって再び意識に昇ってくるのを経験するようになる。やましい良心の「黒い光」は彼の奥底にひそんで、時折内からひらめくようになった。

わたしは驚きました。わたしはぞっとしました。しかししばらくしているうちに、わたしの心がそのものすごいひらめきに応ずるようになりました。しまいには外から来ないでも、自分の胸の底に生まれた時からひそんでいるもののごとくに思われだして来たのです。わたしはそうした心持ちになるたびに、自分の頭がどうかしたのではなかろうかと疑ってみました。けれどもわたしは医者にもだれにも診てもらう気になりませんでした。

この心の奥底にひそむ暗い力は「恐ろしい力」として「わたしの心をぐいと握り締めて少しも動けないようにする」と述べられている。また倫理的な彼の頭によっては理解できない「不可思議な力」をもって社会生活もできないほどの重圧の霊力となって襲ってきた。こうして彼は自己の罪を知らされ、罪の償いをしようと試みるのである。

わたしはただ人間の罪というものを深く感じたのです。その感じがわたしをKの墓へ毎月ゆかせます。その感じがわたしに妻の母の看護をさせます。そうしてその感じが妻に優しくしてやれとわたしに命じます。わたしはその感じのために、知らない路傍の人から鞭《う》たれたいとまで思った事もあります。こうした階段をだんだん経過してゆくうちに、人に鞭たれるよりも、自分で自分を鞭つべきだという気になります。自分で自分を鞭つよりも、自分で自分を殺すべきだという考えが起こります。わたしはしかたがないから、死んだ気で生きて行こうと決心しました。

この罪の感じというのは、やましい良心の罪責感にほかならない。だが、この罪責感をぬぐい去るべく償いの行為をしても、ルターの場合がそうであったように、絶望が深まり、ただ死のみが唯一の希望とならざるを得ない。やましい良心のこの窮地を漱石はルターと同様「牢屋」という表象によって次のように描いている。

波瀾も曲折もない単調な生活を続けて来たわたしの内面には、常にこうした苦しい戦争があったものと思ってください。妻が歯がゆがる前に、わたし自身が何層倍歯がゆい思いを重ねて来たか知れないくらいです。わたしがこの牢屋のうちにじっとしている事がどうしてもできなくなった時、またその牢屋をどうしても突き破る事ができなくなった時、畢竟《ひっきょう》わたしにとっていちばん楽な努力で遂行できるものは自殺よりほかにないとわたしは感ずるようになったのです。あなたはなぜと言って目をみはるかもしれませんが、いつもわたしの心を握り締めに来るその不可思議な恐ろしい力は、わたしの活動をあらゆる方面で食い留めながら、死の道だけを自由にわたしのためにあけておくのです。動かずにいればともかくも、少しでも動く以上は、その道を歩いて進まなければわたしには進みようがなくなったのです。

良心のやましさが逃げ道のない窮地に、あたかも出口のない牢獄の中にいるように、彼を閉じ込めている様子が見事に描き出される。これらの良心現象を考察して明らかになることは、良心の自己審判は次第に内面化してゆき、痛みと疼きとして先ず現われ、さらに「黒い光」は「冷たい炎」のように心中奥深く侵入して行って、そこから罪の意識を生じさせ、不思議な恐しい力として重くのしかかり、社会生活のみならず、生きること自体をも否定する絶望を生みだす。この重圧する力は「心を押しつぶす重い危険な石」（シェイクスピア）とも「石の柱」（ゲーテ）とも表象されていたものと同じ現象である。この力に屈服すると、人は死を希望するようになる。

**死の試練**　ルターは死にいたらせる重圧感を「死の試練」として把握し、これによって絶望と破滅に導かれると説き、彼の近くにも起こったヨハンネス・クラウゼ博士の悲惨な自殺に言及する。ルターは死自身よりも死が罪責の結果生じてきていることを力説する。すなわち、「律法が啓示し増大させた罪のために、神の怒りと審判とを人は死あるいは良心の苦闘の下に感得する」(WA. 40 I, 503.)。「というのは律法が良心を告発し、罪を啓示するからである（律法がなかったならば、罪は死んでいたであろう）。実際、罪の認識（あの偽善者たちの思弁的認識ではなく、罪に対する神の怒りが認められ、死の真の味が感得される真の認識のことをわたしは言っている）は、心を戦慄させ、絶望へ追いやり、殺すのである」(WA. 40 I, 257.)。

しかし、わたしたちはここで問うてみなければならない。良心によって感じられる絶望は死によって自由となるであろうか、と。確かに良心のやましさは自虐的に自己破壊に向かう傾向をもっているにしても、生に絶望した人が死を希望するとしたら、そのような絶望はいまだ甘さを残しているのではなかろうか。キルケゴールが説いているような死病としての絶望は死にいたるまで永遠に呵責するものであるから、そこでは死ぬことにも絶望が覆ってしまう。

しかし、絶望みずからが欲することとは、自己自身を食い尽くすことであるが、これが絶望にはできないのであって、この無力さが自己食尽のひとつの新たな形態となる。しかし、この形態の自己食尽においても、絶望はやはりその欲するところを、すなわち自己自身を食い尽くすことを、なしえない。それは絶望の自乗、あるいは自乗の法則である。これは絶望を焚きつけるもの、あるいは、絶望のなかの冷たい炎であり、絶え間なく内に向かって食い入り、だんだん深く自己食尽のなかへ食い込んでいく呵責なのだ（キルケゴール『死にいたる病』前掲訳書、442頁）。

したがってやましい良心は、わたしたちを絶望と死に追いやるだけでなく、死ぬこともできない病いとして絶望の度合いを高めてゆく。こうして、「呵責する絶望のなかの冷たい炎」は地獄の責め苦として良心に感じとられるようになる。

さて、このやましい良心は単にわたしたちを呵責するだけでなく、増殖して行って悪を激増させる恐ろしい伝播力をもっていることにも注目しなければならない。トーマス・ハーディ（Thomas Hardy, 1840 - 1928）の短編『良心のゆえに』は義務を果たす時期を失ってしまったため、良心の呵責にせめられ、遅ればせに義務を履行してみても、結果はいっそう不幸を大きくすることになる有様を見事にとらえている。その際、ハーディは罪責の増殖力を次のように説いた。

ひとたび犯したわれわれの罪業は、けっしてその罪の消える日を待って、過去の中にとどまっているものではない——それは移動植物のようにはびこり、根を下ろし、あげくには元の幹を切り倒しても、根絶やしにできなくなるものだ（「良心のゆえに」河野一郎訳、『ハーディ短篇集』新潮文庫所収を参照）。

このような経験は決して稀なものではない。ジョン・バニヤン（John Bunyan, 1628 - 1688）の『恩恵溢れる』という自伝のなかにも、このような経験が記されている。彼は回心した後になっても、現実の生活はいっこうに善くならないで、益々悪化していくことに気付き、罪を犯すことのないように警戒するあまり過敏となり、病的なまでに良心は感じやすく、懐疑と恐怖、固定観念などに悩まされ、言語の自発性も失われ、憂うつな自己侮蔑と良心の絶望が増大していった。

ほんとうにわたしはだんだん悪くなってゆくばかりだ、今のわたしは、これまでのわたしよりもずっと回心から遠いところにいる、とわたしは考えた。……いままで、罪の行為をなすことのないようにと、わたしはいまほど恐れ気づかったことはなかった。藁ほどの太さしかない針や棒切れでさえも、わたしは拾おうとはしなかった。わたしの良心はただれ痛んで、なにかに触れるたびに、ずきずきと疼いたからである。言葉を言いちがえるのを恐れて、わたしはどう話せばよいのか、口をきくこともできなかった。ああ、その頃、すること、言うことすべてに、わたしはどんなに気を使ったことであろう。ちょっと身動きしても、ゆらゆら揺れる泥沼の上にいるようであった。（この文章は、W・ジェイムズ『宗教的経験の諸相 上』桝田啓三郎訳、岩波文庫、238－239頁から引用したもので、バニヤンの前掲書からの抜粋である。）

良心のやましさには呵責とならんで悪の繁殖力が潜んでおり、ガン細胞や細菌のような破壊力があるといえよう。このようなやましい良心をわたしたちは合理主義者スピノザ（Baruch De Spinoza, 1632 - 1677）のように無視できるであろうか。彼は次のように言う。

良心の呵責や悔いの念がおこって、人々を正道につれもどしてくれるものだと、あるいは期待されるかもしれない、そして、それだから、これらの感情は善いものである、と結論したくなるかもしれない。けれども、よく見てみると、良心の呵責や悔いは、善いものでないばかりか、かえって有害な悪い情念であることを、われわれは発見するのである。なぜなら、良心の悩みや自責の念に頼るよりも、理性と真理への愛とに頼るほうが、いつでも、うまく暮らしてゆけることは、明白だからである。（W・ジェイムズ、前掲訳書、196頁前の引用文と同じ）

良心の呵責や悔いは確かにわたしたちにとって悪いものである。だからといってわたしたちはこれを無視したり、回避したりすることはできない。スピノザが言うように事実それは「有害な悪い情念」である。しかし、この情念はわたしたちの存在に深くつきささり食い込んできているかぎり、たとえ悪い情念であっても、正しく対処しなければならない。そこで良心の呵責が情念や情緒のなかにどのように食い入っているかを次に考察しなければならない。

### (4) 情緒的良心の現象

わたしたちの良心体験は一般的に言って自分の行為が他者に対して当然あるべきようになされていたかどうかを反省するときに生じるといえる。道徳上のさまざまな法が良心の判決の基準となっているため、わたしたちの行為が非難のない合法的な行為であっても、良心は自己に対し有罪判決を下すことがあるし、また法を犯したため有罪判決をうける場合でも、良心はやましくないこともある。このように考えてみるならば、罪責といっても多様な内容と形式があることになる。そこでヤスパース（Karl Theodor Jaspers, 1883 - 1969）の『罪責論』を参照して、罪が一般にどのように区別されているかを調べてみたい。彼は四種類の罪を区別している（ヤスパース「罪責論」橋本文夫訳、『ヤスパース選集10』42－45頁)。

第一の罪は刑法上の罪であり、裁判所で裁かれている。これが最も主要な罪の形式である。第二の罪は政治上の罪がある。この書物が書かれていた頃ドイツではニュルンベルクの国際裁判所が開かれていたように、この罪は戦勝国の力と意志とによって裁かれ、戦争責任が問われた。第三は道徳上の罪である。これを裁くのは良心であり、法律を犯していないとしても、道徳的責任が問われる。第四に形而上学的な罪があげられている。これを裁くのは神であるとされる。ヤスパースによれば人間は他者との連帯性のなかに生きるように定められている。この連帯性に生きない者は神によって罰せられる。

この罪の区別によれば、良心はもっぱら道徳上の罪の審判者となっており、単なる法律上の犯罪と区別される。そして事実『悪霊』のスタヴローギンも『こころ』の先生も刑法上の罪は犯していないが、それでも良心の呵責に陥っている。つまり合法的ではあっても、道徳的でないので、良心のやましさに苦しむことが起こる。ところが道徳はその判断に普遍性をもっているため、自己にも他者にも妥当する。この意味で道義的責任は他者に要求することは可能である。しかし、わたしたちは他者に良心の判断を求めることはできないし、他人の良心を云々することもできない。ここに良心現象のきわめて個別的で主体的な側面があり、実存的性格が認められる。したがって良心のやましさという現象も外側から観察したり、類推したりすることができない。このきわめて主体的で一般化できない良心の判断について漱石は次のように述べている。

わたしは歯を食いしばって、なんで他《ひと》の邪魔をするのかとどなりつけます。不可思議な力は冷ややかな声で笑います。自分でよく知っているくせにと言います。わたしはまたぐたりとなります。

良心の判断は「自分でよく知っている」事実にもとづいており、それが何であるかと普遍化して表現できない、厳密に個別的な具体性に根拠をおいている。それは「先生」が友人に対して「なすべからざることをなした」裏切りに根差している。裏切りは忠実の対立概念である。忠実は人と人との信頼関係を成立させているものであってみれば、ヤスパースのいう連帯性という形而上学的な特質に関係しているといえよう。なぜなら、連帯性は人と人との関係であり、神はこの関係を見ているからである。

さて、人と人との関係こそ良心問題が発生する基盤であり、良心は他者に対する心の運動である情念や情緒で激しい仕方で現象しているといえよう。この情緒的良心はこれまで知性主義的な良心と対立して考えられてきた。そこでは良心は「知性の冷静な光」(sicca lux intellectus) のわざと考えられ、ヨードル (Friedrich Jodl, 1849 - 1914) はこれを規定し、「良心とは個々の場合あるいは一連の状況におけるわたしたちの意欲と行為の倫理的価値についての知（意識）にほかならない。すなわち三段論法の形式をとって明白に表明されうる知なのである」（Jodl, Allgemeine Ethik, S. 57.）という。これはトマスの良心論でシンテレーシス（良知）の働きにより三段論法として述べられるものに典型的に示されているといえよう。したがって良心は個別的な行為に普遍的法や規範を適用して、行為が法や規範に一致するかしないかを検証する働きである。シュトーカー（H. G. Stoker, 1830 - 1916）はこの知性的な良心について次のように要約している。「知性的な良心理論は良心の本質を理性の行為・判断・悟性の三段論法、または普遍的法則（戒め、規範）を特殊な場面への適用のうちに（これによって特殊な場面について判断が下される）捉えている」（Stoker, op. cit., S. 57）。良心を知性的に、あるいは主知主義的に捉えることは広い意味では正しい。なぜなら良心は決して知を欠いているのでもなく、不確実でもなく、自己の罪責についての明瞭な知であるから。しかし、この知は個別的で一回的な、しかも主体的自覚と共に拓かれてくる、実存的な知であるから、知の普遍性と一般性を超えているといわねばならない。また、シュトーカーが力説するように罪責体験は全人格的、絶対的体験であって、知的判断によって自己のうちで理性が行為を審判するのは単なる派生的な二次的判断といえよう。つまり罪責体験は理性と感性とを含めたわたしの全人格的統一のなかで生じるのであって、この体験の後に自己と理性とが分離し、客体化された自己が理性によって有罪の審判が下されるのである。したがって真正の罪責体験と罪責感なしには知性的良心の作用も起こらないといえよう。こうして罪責を負うやましい良心は同時に自己審判者として判断するとき、知的推論をも行使するのである。

さて、理性と感性、精神と身体から成る全人格的存在は情念や情緒のうちに明らかに現われ出てきていると思われる。

情念（affectus, affectio）のもっている積極的意義をはじめて明瞭に説いたのはアウグスティヌスであった。ストア哲学者は情念によって乱されない平静な心（アパテイア）を知者の理想として説いた。そして情念は非理性的であるがゆえに、理性によって支配されなければならないと考えられた。アウグスティヌスはこのストア学説の影響を受けながらも、情念を心の運動として重視し、精神と身体の二元論を越えて、人間の全人格的作用、つまり愛の動態、もしくは傾向性や方向性として把握した。つまり情念それ自体はストア主義者が説くようには悪とみるべきではなく、それは人格的愛の根源的な方向性である。それゆえ神への方向をとった情念が善であり、現世に向かう情念を悪とみなし、情念（affectus）自体は ad-fectus つまり「ある方向に向けて造られた対向性」を意味し、人間は本来神に向けて造られているがゆえに、神へ向かうべきであるが、この道から転落（de-ffectus）した場合に情念は悪に染まり暗くなる、と説いたのである（詳しくは金子晴勇『アウグスティヌスの人間学』155 ― 158頁参照）。

しかし、アウグスティヌスでは情念は良心の罪責体験と直接結びついていない。良心と情念の結びつきはルターの「神の怒り」の下に立つ罪責体験で最高の表現が与えられている。確かに「怒り」は情念に属している。この情念を神に適用することをアウグスティヌスは積極的には支持しない。彼によると神の怒りというのは、神の正しい懲罰をいうのであり、「怒り」という表象は人間の情念を神に移入したものにすぎない。だから「怒り」は神の律法を犯した者に襲いかかる心の暗黒化にすぎない。ところがルターでは神の怒りは、律法を犯した者に向かう神の憤怒や激情として良心を直接襲撃し、恐怖と戦慄を激発し、絶望に追いやっている。テオドシウス・ハルナック（Theodosius Harnack, 1817 - 1889）はルターの神の怒りについて次のように述べている。

ルターにとって怒りというのは、聖にして義なる神の、全能にして永遠に和解しがたい、強い影響力のある立腹と敵意である。すなわち、すべて神にふさわしくなく、また神に敵対するものに対する、神の永遠の活動的な敵視、したがって頽落した被造物に対して絶対的に力のある審判権として、また制限されることなく自らを貫徹する審判の意志として表明される敵視である。（Th. Harnack, Luthers Theologie, Bd. 1, S. 310.）

このような神の怒りを感じるとき良心が罪責を負い、やましさのゆえに絶望し、死を願うようになる。ルターはこのような良心の罪責体験を次のように語っている。

それゆえ、律法が良心を責め、戦慄させて、「汝はこれこれをなすべきである。汝はそうしなかった。ゆえに汝は神の怒りと永遠の死との罪責を負う存在である」と語るとき、律法は本来的用法と目的とを実行している。そのとき心は絶望にいたるまで粉砕される。律法のこの用法と務めとは、戦慄し絶望した良心によって感じられると、良心はその不安のゆえに死を望み、自己自身に死を与えようと願う。(WA. 40 I, 482)

神の怒りによって絶望した良心は、もはや言葉をもって語ることができず、「言葉に表せない呻き」を発し、自己の全存在が一つの問いと化す。そのときの良心の状況をルターは「言葉でもって人はそれを語れないで、ただ心の激しい動き(つまり情念)による(sed tantum affectu)」(WA. 40 I, 586.)と述べている。わたしたちはここに良心のやましさが情念でのみ表現されている事態を理解することができる。

神の怒りと良心との関係は情念や情緒で絶望の苦悩や死となって現象するが、神の怒りと対立する情念は神の恵みであり、良心がこれとの関係に立つならば、浄福(信仰によって得られる幸福。)や歓喜という情念となって現れるようになる。こうして情念や情緒における絶望と浄福とは、良心という人格の最深の層に宿るといえよう。

この点に関しキルケゴールの洞察はとくに優れている。彼によると何事かについて絶望することがあっても、それは一瞬だけのことにすぎず、本当は自己自身について絶望しているのであって、そこには真の絶望が同じ瞬間にあらわれる。「帝王か、しからずんば無か」と叫ぶ野心家は帝王になれないとき絶望するが、実は帝王になれなかったことで自己自身について絶望しているのである（『死にいたる病』前掲訳書、443頁）。したがって絶望は何らかの対象によって起こるように見えるが、実は絶望する人自身の存在のうちに深く食い込んでいる。良心の呵責もこのように存在のうちに突きささっていて、わたしの全存在に対し「否」と断定し、絶望の情緒でもって全存在を支配する。つまり絶望や浄福は対象的な何かに相対するところでは生じないで、それは人格の中核からわたしたちを満たし、わたしたちの存在の全体を占有する。だからわたしたちはただ絶望しているか、それとも浄福であるか、ということだけが可能なのである。このように心中の中核まで深く込んでいる絶望と浄福についてシェーラー（Max Scheler, 1874 - 1928）は次のように説いた。

絶望のうちでは情緒的「否」がわたしたちの人格存在とわたしたちの世界の核に刺さっている――「人格」がそのさい反省対象でさえもあることなしに――のと同様に、「浄福」――幸福感情の最も深い層――においては、情緒的「しかり！」が刺さっている。それらがその相関者をなしているように思われるのは、人格存在自身の道徳的価値である。それゆえ、それらはまた、すぐれて形而上学的な、そして宗教的な自己感情である（「倫理学（中）」岡田紀子訳『シェーラー著作集2』白水社、286頁）。

絶望が個別的行為を超えた人間存在のうちに深く食い込んでいるように、浄福も人間のもろもろの行為を超えた、つまり応報的相対関係を超えて、人間存在そのもののうちに超越者の賜物として与えられる。ここに絶望の徹底的遂行が逆説的に浄福の絶対的超越性と価値とを規定し、「信仰のみによる」（sola fide）のもつ自己否定と自己超越との同時性による転換のわざが実現する。しかも、それは人間の全存在を全体的に規定する情念と情緒の領域で生じさせている。なぜなら絶望した人は精神で思考し、身体に活力があっても、暗い情念の支配下にあって情緒的な苦悩を味わい、絶対的な否定の中にあるからである。このような情緒で感じられる絶望をルターは悪魔のわざと見て言う、「悪聴は罪を法外に大きくなしうる能力をもっているので、試練に遭った人が苦闘して、神の怒りと絶望のほか何も感じないほどにまでその攻撃に全く屈服すると考えてしまうように、悪魔に影響されてはならない。ここでは自分の**気分**（sensus）にどうあっても従ってはならない」（WA. 40 II, 98.）。

この「気分」というのは情緒的感得にほかならない。この情緒において「罪と良心とはわたしたちの二つの悪魔である」(WA. 40 I, 73.)と言われるように、良心は人間を告発し、絶望へと追いこむ激烈さをもっている。「このような良心の葛藤で、体験によって教えられて、わたしたちが知っているように、罪・神の怒り・死・地獄とあらゆる不安、これらの気分が猛威をふるって支配する」(WA. 40 II, 24.)。しかし良心はこの猛烈な情緒的気分のなかで人間の存在全体を問題視し、聖霊の助けによって絶望のさ中にあって永遠者の恵みを聞き取る。ルターは神に対し「アッバ、父よと叫ぶ御子の霊」(ガラテヤ4・6)を「〝霊〟のうめき」(ローマ8・26)と結びつけて解釈し、絶望の「うめき」を感得している、やましい良心の情態がいかに救済に転じるかを説いて次のように語る。

わたしたちには呻《うめ》きがある。なぜなら呻きのほか何ものも感じられないからである。〔聖書にある「父よ」と〕呼ぶ声をわたしたちは聞かない。が、〔別の聖霊の〕呼び声を聞く。わたしが御言葉だけを持っている(habere)ように、呻きをわたしは感じている(sentire)。誰が呼ぶ声を聞くのであろうか。〔わたしの発する〕呻きはこの父なる神には最大の、そして言葉によっては言い表わせない呼び声となる。こうして、その声のために悪魔・律法・罪の呼び声は聞かれることはない。実際、その呻き〔声〕は、天使にも聞こえないと思われるほどか細くなっている。ところでわたしたちの心の状態はこのようである。すなわち、「わたししたちの弱さはキリストの力のうちにある」、そこではキリストがわたしたちの全面的弱さのさ中にあって、全能であり、支配しながら次のように語る。「あなたは呻いているが、その呻きによりどれほど大いなることをしているのかを知っていない。だが、わたしは言う、あなたは天と地を創造すべき叫び声をそれによって惹き起こしている」（WA. 40 I, 582）と。

この情緒的な呻きが絶望の表現でありながら、同時にキリストによる救済に結びつき、いかに浄福に導かれるかが、このテキストによってよく示されている。元来、情念や情緒の現象は人と人との間の交わりで生起しているものであり、対人、対神の関係で生じている。したがってこの関係は愛と応答愛からなる相互性に根差しており、この交わりや関係の破綻から良心は自己反省によって呵責や絶望の状態に陥ったのである。しかし、この交わりや関係は倫理的あるいは道徳的努力によって修復しうるものではなく、新しい存在が授与されることなしには回復しがたい性質のものである。なぜなら問われていることは個別的行為ではなく、それに優るわたしの人格存在全体の在り方なのであるから。こうして良心はわたしたちの存在を問うものとなり、宗教的性格を帯びるものとなる。

## (5) やましくない良心の諸相

これまで主として罪責と呵責を負うやましい良心について考察してきた。確かに良心の現象はその主たる形態ではやましさとして観察される。「なしてはいけないことをなしてしまった」、「あるべき様《よう》にはなかった」という罪責感が実に良心の第一の、根源的現象であって、良心の「良さ」は自己のやましさの自覚と逆説的に結びついていたのである。これに対して「やましくない良心」（bona conscientia, das gute Gewissen）というのは「やましい良心」に対する消極的・否定的な形にすぎないと一般的には考えられる。つまり良心の第一の現象は「やましさ」の体験であり、この「やましさのない」状態が考えられているのである。たとえばリチュール（Albrecht Ritschl, 1822 - 1889）は次のように規定している。

> やましくない良心というものは一般的に言って、ある消極的なものである。つまり、それはやましい良心が欠如していることに対する表現なのである（Ritschl, Vortrag ueber das Gewissen, S. 19; H. G. Stoker, op. cit., S. 192.）。

同様にシェーラーも『倫理学』で次のように述べている。

さらに明らかになるのは、その語義上良心が本質的に消極的に働いているということである。良心はやましいものとして、あるべきではないものとして現象し、それは「異議を提起する」等々をなす。わたしたちが「良心が働く」と語る場合、それはとりもなおさず「当の行動に対して何ごとかを抑止する」ということを意味している。しかし、良心は「あることは良い」ということはけっしてない。それゆえ「やましい良心」は「やましくない良心」よりも決定的に積極的現象でもあるのだ。このやましくない良心は道徳的に問題視されている特定の行動に対して元来「やましい良心」が体験されていないこと、およびその体験が欠如していることなのである（M. Scheler, Formalismus in der Ethik und die materiale Werteethik, S. 325.）。

やましくない良心はこのように「ない」という否定的、消極的表現であるといえよう。しかし、表現は消極的であっても、そこには「ない」ことを積極的に主張している事実を看過してはならない。この種の積極性についてパウロは古典的表現を与えていた。「人々は、律法の要求する事柄がその心に記されていることを示しています。彼らの良心もこれを証ししており、また心の思いも、互いに責めたり弁明し合って、同じことを示しています」（ローマ２・15）。ここで語られている良心の弁明の働きはほかでもなく、自己がやましくないことの主張である。告発とならぶこの弁明の働きはルターによって「良心の証言」(testimonium conscientiae) として積極的な「誇り」の根拠になっている。「わたしは自己自身のうちに誇りを、つまり『わたしの良心の』誇りをもっている」。この誇りの「実質は『わたしの良心の証言』である。また、わたしの奉仕は真実であるか、教義は純粋であるか、神から誉められているか、とわたしは調べる。もしそうなら、わたしの誇りを自己自身のうちにもち、だれもわたしの心中に深く据えられているところからそれを取り去りえない、とわたしは主張する」(WA. 40 II, 151)。したがって良心の証言をもつ場合には世論の非難に抗して「わたしたちは自己の良心において確実であるということで十分である」(WA. 40 I, 573) とまで積極的に主張することができる。

このような良心の自己弁明の働きをカントも先のパウロの言葉に従って確認し、内的な良心の法廷での弁護人の役割にこれを当て、原告の告発に対する自己弁明の任務をとらえていた。この自己弁明の働きは行動がやましくないことを主張する点で変化はないにしても、原告と裁判官が同一人である法廷では、弁護人の方が訴訟に勝つと述べて、弁明の働きの積極性を主張したため、ショーペンハウアーの批判を招くようになった。すでに第6章でこのことは論じる予定なので、ここでは述べないが、ショーペンハウアーの批判は当たっていることは率直に認めなければならないにしても、やましくないという弁明の働きは事実行なわれていることも同様に認めなければならない。この場合でも弁明の働きは「やましくない」という形式で行なわれているのであって、「良い」という意味で行なわれるのではない。だからボルムスの帝国議会への召喚に際して述べられた自説に対するルターの「良心の証言」はいつも「偽りはない」という形式をとって表明された。

すでに述べたように良心は第一に「やましさ」として体験される。だから、これの否定として「やましくない」ことを良心が証言する場合でも、やましい罪責体験もしくはその可能性を前提とした上で、これを否定することによって克服するのが「やましくない良心」の現象といえるであろう。だからこそ良心の「証言」の無私性と客観性も確認できるのである。つまり、自己の本性的な悪への傾向性を根源的に自覚し、偽善的自己の善良性を感じていない人にしてはじめて、すべてを我欲によって汚染させてしまう罪性から自由になって、無私で客観的な証言をなしうるといえよう。「それゆえ、やましくない良心というのは悪の不在、欠存、魂の平静において成立しているのではなく、むしろこの不在を力説し、かつ、力説することにおいて積極的であって、決して消極的ではない」(H. G. Stoker, op. cit., S. 199.) とシュトーカーは説いている。

こうして「やましい良心」の弁証法的事態がきわめて明白になってくる。良心は罪責体験で根源的に生起してくるものであるから、人間存在の根源的罪性を無視する、単なる自己肯定的な、即自的(直接肯定的)な良心はファリサイ主義的な偽善にほかならない。ファリサイ主義は外面的に道徳を守り、心の清さを誇って、罪人を裁いておきながら、自己の罪性に対する自覚が欠如している。しかし、自己の罪性を自覚したやましい良心は、罪性を何らかの形で克服し、その無私性に立って「やましくない」存在と行動に向かうことが可能である。では罪性はいかにして克服しうるであろうか。「やましくない」という否定による克服はわたしたちの行動の社会的領域ではなお直接確認し確信することは可能である。しかし内的な倫理、行動の内面的動機に関していうならば、自我性、我欲性、自己主張欲、総じて欲性にまつわる罪性からだれしも自由ではない。この内的、実存的罪性は神の前で無限の勢位にまで高まり、良心は「悪魔」となって攻撃してくる。こうして宗教的良心はもはや自己において生きるのではなく、救済者（キリスト）において生きなければならないことを確信する。ルターは言う「キリストに対する信仰こそやましくない良心なのである」（fides Christi est conscientia bona. WA. 1, 372）と。

信仰によって良心が自己の根源的罪性を克服した場合、わたしたちは真にやましくない「善い」良心に達しうるであろう。この点を次に論じる前に、すでに明らかなように、「やましくない良心」には三つの相があることを確認しておきたい。すなわち第一はファリサイ的自己義認の形態、つまり**直接的自己肯定の相**である。第二は「やましさ」の前提に立ちながら、外的行動に関して「やましさ」を否定する形態、つまり**外面的否定の相**である。第三は「やましさ」自体を内的、実存的に克服することによる新生としての「やましくない」したがって「善い」良心であり、宗教的肯定の相である。

## ⑹ 信仰による良心の新生

やましい良心はニーチェの言うように病気であり、中世の神秘主義者の説く地獄の責苦を生みだすものであった。このような罪責と呵責に苦しむ良心を救い、慰めることこそルターの宗教が目的としたところであった。「天上への道は良心の道である」との彼の命題はこのことを端的に述べているし、彼の自伝的文章は神の前に道徳的に義人となろうとする良心が深い罪責を感じ、信仰によってのみ救い出されたことを次のように記している。

この「神の義」という言葉をわたしは嫌悪していた。なぜなら、それについてすべての博士たちの習慣的使用法は、わたしにそれを哲学的に解釈するように教えたからである。わたしはそれを（彼らのいう）「形式の」あるいは「能動の」義、神が罪人や不義なる者を罰するようにする義であると理解していた。わたしは修道士という非難の余地のない生活をしていたにもかかわらず、神の前には極度に不安な良心をもつ罪人であると感じた。そして神がわたしの罪の償いによってなだめられるという確信がもてなかった。同様にわたしはこの義にして、かつ、罪人を罰する神を好むどころか、かえって嫌っていた。……神は福音によってさらにわたしたちに神の義と怒りとを向けなければならないのか。わたしは良心が動揺し、混乱しているあいだ無我夢中であった。それでもわたしは、使徒パウロのこの一節〔福音には、神の義が啓示されていますが、それは、初めから終わりまで信仰を通して実現されるのです。「正しい者は信仰によって生きる」と書いてあるとおりです。(ローマ1・17)〕において、使徒が何をいおうと欲しているのかを知りたいと熱心に願い、性急に探索した。ついに神はわたしをあわれみたもうた。……わたしは、「神の義」がここでは義人が神の贈物により、つまり信仰によって生きるさいの、その義であり、福音により神の義が啓示されるという、この〔義なる〕言葉が明らかに「受動的」であって、それによって神はあわれみをもって信仰によりわたしたちを義とすると、理解しはじめた。このときわたしはまったく生まれ変わったような心地であった。そしてわたしは広く開かれた門から天国そのものに入ったように思った(WA. 56, 185)。

そこでわたしたちはルターの思想を手がかりにして信仰と良心の新生との関連をここで解明したい。というのはルターではもろもろの罪の力からの自由はもっぱら良心に集中して論じられているからである。彼は言う、「律法・罪・死・悪魔の力・神の怒り・最後の審判からの自由が存在する。どこにあるのか。良心においてである（Ubi? In conscientia）。こうしてわたしは義人である。なぜならキリストは解放者であり、肉的でも、政治的でも、悪魔的でもなくて、神学的に、つまりただひとえに良心において〔わたしを〕自由にしたもうているからである」（WA. 40 II, 3）。

わたしたちは第4節（167頁以下）の「やましい良心」のところでルターの良心が絶望的なうめきを発して神を呼び求めていることに言及した。うめきで良心は全面的な自己否定に陥り、もはや自分によっては立つことができないため、信仰によってのみ救済者（キリスト）に呼びかけざるを得なくなる。この有様を彼は人間の「弱さ」として次のように叙述している。「そこに弱さがある。だが、それにもかかわらず、心は語りはじめる。御父よ、キリストのゆえにわたしをあわれみたまえ、と」（WA. 40 I, 582）。ここに弱さの自覚と結びついた信仰の勇気が認められ、心もしくは良心は救済者（キリスト）のゆえに神に対し語りかけ、それによって自分の陥った窮地を脱することができる。こうしてわたしたちは「わたしたちの外にわたしたちを」（nos extra nos）置き、脱自的な自己、つまり新しい自己を獲得する。

このような自己の新生は死から生への転換であり、人格の全面的変革となって現われる。しかしこの転換や変革は、神からの力としての聖霊によって、人間の側では信仰によってその力を受容してのみ実現する。したがって聖霊は「生命の御霊」であり、無から有を創造する力であると言われる。だから聖霊の働きが加わると「律法は単に殺すのではなく、生かすために殺す」といわれ、「いまや良心において生命の、御霊のほかいかなる律法も支配すべきではない」(WA. 40 I, 242) と語られる。

他方、信仰はやましい良心の絶望的状況のなかにあって聖霊による神的可能性に全面的に信頼することである。詩編118編の講解でルターはこの絶望と死のさ中にあって神の恵みを捉える信仰の術《すべ》、もしくは方法を「信仰の偉大なる技術と怜悧《れいり》」(die grosse kunst und klugheit des glaubens) と呼び、次のように語っている。

むしろ彼はそれらいっさいに対決し、かつそれらを越えて自らを高め、かくも不快なる光景を貫いて、神の父らしい心を見、このように曇り、かつ厚くふくれあがった真暗な雷雲を貫いて、太陽を見抜くことができる。彼は自己を撃ち倒し、自分に全く不快に現われている者に対して衷心から呼びかけることをあえて行なう。……これはあらゆる技術に優る技術であり、ただひたすら聖霊のわざである (Das ist kunst uber alle kunst, und allein des heiligen) ……なぜなら、この技術は生まれながらの人間の本性には不可能なことであるから。(WA. 31 I, 93.)

この信仰の技術は死を生へと変える「良き翻訳者」とも、「強力な論駁」とも呼ばれている、聖霊のわざであり、また「この技術は聖霊と神の右手が教えるものでなければならない」とも説かれる。

　この信仰によってキリストと良心との内面的な関係、つまり相関が成立するようになる。なぜなら信仰は「キリストが良心のために、罪の赦しのために死にたもうた」と確信し、「わたしのために死に渡されたキリスト」を良心は受容するからである。良心は罪責感情に圧倒され、やましさが悪魔的支配を行使していたとき、「キリストはこの二つの〔つまり罪と良心の〕怪物を現世と未来永劫にわたって打ち倒した。人間的な哲学は死と良心とをいかに克服すべきかを何も教えてくれない。しかし、この種の教えはキリスト教の全体を含んでいる。つまりもろもろの罪の赦しと歓ばしい良心とを含んでいる」(WA. 40 I, 73.)。

　このようなキリストと良心との関係は、花婿と花嫁との関係に比せられる(WA. 40 I, 214.)。「良心は自分の花婿(sponsus)と花嫁の部屋(thalamus)をもち、そこではキリストのみが導くべきである。諸々の罪の贖い主なるキリストただ一人が良心に属している。そこで良心は〔キリスト以外の〕他の何ごとをも考えることはない」。この良心とキリストとを結びつけるのが信仰であり、あたかも指環が宝石を包み囲むようにキリストを捉える。「信仰はキリストを抱き捕え、キリストを現存させる。あたかも指環の中なる宝石のように」(WA. 40 I, 233)。

　しかし、信仰は単にキリストを捉えるだけではなく、キリストと一体となる信仰神秘主義にまで発展する。

もし信仰によってキリストを捉えるならば、わたしのうちにある罪と死のすべては取り去られる。このような信仰による帰属性はわたしを罪から解放するように働く。だが、キリストは義・生命・救いのうちにあるので、わたしもまたそこにいる。しかし、義認の問題にわたしたち〔キリストとわたし〕はとどまらなければならない。わたしのうちにある生命・恩恵・救いに属する一切は信仰の一致と帰属とによってキリストご自身のものであり、わたしたちは信仰によって御霊にあってあたかも一体(unum corpus)とされるとは何とすばらしい語り方であろう。(WA. 40 I, 284)

ここで「信仰により御霊においてあたかも一体とされる」と語られている表現は、「信仰があなたとキリストとからあたかも一人格を創る」(fides facit ex te et Christo quasi unam personam)といいかえられ、「一人格」とはキリストとの交わりにある人間の在り方、交互的人格性を意味している。ルターはこの点を説明して次のように言う。

信仰はあなたとキリストとからあたかも一人格を創るのであるが、それというのもあなたがキリストから離れ去らないで、むしろキリストのうちに帰属し、あなたはご自身をあたかもキリストと語り、反対にキリストは「わたしはあの罪人である。彼がわたしに付き、わたしが彼に付くがゆえに」と語るためである（WA. 40 I, 285）。

このように相互的に他者との関係の中でのみ生きうる共同的人格性は、その根底で神の義認の行為で成立する。すなわち人間の罪とキリストの義とが信仰で交換される「喜ばしい交換」（iucunda permutatio）によって神の義は、神が授け、人がこれを受ける「受動的義」として成立する。したがって「一体」、「一人格」となるという神秘的合一（unio mystica）を表わす用語が用いられていても、そこには相互的な人格的な関わりが義認の地盤によって成立しているとみるべきである。「このようにキリストはわたしのうちにとどまりたもう。かつ、その生命はわたしのうちに生き、そしてわたしが活かされる生命はキリストである」（WA. 40 I, 283, 8-9）。

良心とキリストとの人格的関係はこのような義認に根拠づけられた交わりとなり、この交わりのなかで良心はやましさを全く克服した、歓ばしい良心に変貌する。これが良心の新生なのである。「やましさ」が根絶された良心はもはや「やましくない」という消極的・否定的に表現しうる以上の存在となっており、「歓ばしい良心」（ein fröhliches Gewissen）と呼ばれる。ここではじめて新しい存在が与えられた、つまり全く新しい性質の「善い良心」が生まれ、新しい倫理の基礎となる。ルターは「わたしのこの命令は、清い心と正しい良心と純真な信仰とから生じる愛を目指すものです」（Ⅰテモテ1・5）を解説した「キリスト教的生活の要約」のなかで清い、つまり文字どおりには、善い良心から生じる愛の倫理について次のように美しく語っている。

見よ、信仰について人が説教するなら、人間は信仰によって義しくあるのみならず、いっさいのものはその後に続くであろう。すなわち、純粋な心と善い良心は正しい完全な愛を通して続くであろう。なぜなら、たとえ神の怒りに値していても、怒りたまわない恩恵の神を所有することが信仰によって心中に確実である者は、恩恵の神の御許に馳せ参じ、万事を喜びをもって行ない、人々に対してもこのように生き、人々が愛に値しなくても、万人を愛し、善を為すことができるから。それゆえ、彼は仲保者キリストのゆえに神に対して確実であり、神が彼を地獄に落とそうとなさらず、親切に微笑み、彼に天国を開きたもうことを確信する。これがわたしたちの浄福の最高の確実さ・主眼点・根拠である。このゆえに、わたしはわたしの生活でもって隣人に対して生き、最善を尽くす。こうしてわたしは自己の職務もしくは身分が要求し命じるものを行ない得る、かつ、わたしの為すところが余りにすくない場合には、あらかじめその人のところに行って許しを乞う。このようにして神の前と人々の前との両方に善い確実な良心をわたしはもつので、神も世界もわたしを罰し得ず、地獄も呑み込み得ず、悪魔も喰い尽くし得ない。こうして人間は万事について、人々に対しては愛により、

神の前では律法によるのではなくキリストにより、完全であると言われる。(WA. 7, 371-2)

ルターはこのように死から生に甦った良心について宗教的に語っている。このような死から生への転換は宗教で与えられる場合が一般的であろう。しかし、死から生への良心の超越はすべての人が予感しうる事態であり、ゲーテの「死して成れ」(Stirb und werde) により美しく語られている。

死せよ、成れよ!
この一事を会得せざる限りは、
汝は暗き地上の
悲しき客に過ぎず。
(高橋健二訳)

### (7) 超道徳的良心の問題

これまで宗教的領域での良心の現象をそのやましさからの救済として考察したが、ルターによって明瞭に示されたように、良心は律法との実存的相関を通してキリストとの交わりへ転換し、律法との関連で生じたやましさを克服したのであった。この限りで宗教的良心は律法と行為とからなる道徳の領域を超越し、超道徳的良心となった。しかし、前節の終わりに考察したように、ルターではやましさを超克した「やましくない良心」は同時に「善い良心」として道徳の基礎となっている。宗教における超道徳的良心は道徳の否定とならず、かえって道徳の再建の方向をとっている。

さて、ティリッヒ（Paul Johannes Tillich, 1886 - 1965）はルターからハイデガーにいたる超道徳的良心の学説を検討し、ルターのように超道徳のゆえに道徳を基礎づけることと異なり、却って道徳を破壊するニーチェとハイデガーの良心学説がファッシズムと結びつく可能性をもっていると批判した。

ルターからハイデガーにいたる超道徳的良心の理念が辿った道は、危険な道である。「超道徳的」は、道徳の上にある地点からの道徳性の再建を意味しうるし、あるいは道徳以下の地点からの道徳性の破壊を意味しうる。ホッブスからフロイトにいたる経験論者は、道徳的良心を分析したが、それを破壊しはしなかった。……ニーチェとハイデガーでは、これらの抑制はもはや一つとして残っていない。両者の名前が、ファシズムあるいはナチスの反道徳的運動と結びつけられたのは、まったく不当であったわけではない。ルターですらそれらと結びつけられたのであり、マキャベルやブルーノもそうであった。ここで問いが生ずる。超道徳的良心の理念は維持されうるであろうか。それともそれは危険なものであって、維持されてはならないものであるのか。しかしこの理念が放棄されねばならないとすれば、宗教も分析的精神療法もまた追放されねばならないことになろう。なぜなら両者において道徳的良心は超越されているからである——宗教では、法の領域を突破し、喜ばしい良心を創造する神の恩寵を受容することによって、また深層心理学では、自己の葛藤を抑圧したり、自己自身から隠蔽しようとはしないで正視し、その醜さに苦しむとき、その葛藤を受け入れることによって、超越されている。実際、鋭敏な良心とやましくない良心を互いに結びつけることは不可能であるから、道徳的良心を超越しないことは不可能である。鋭敏な良心をもつものは、超道徳的良心の問いを避けることはできない。道徳的良心は、それが妥当している領域から、それがそこからその条件的妥当性を得てこなければならない領域へとわれわれを押しやるのである。(「道徳的行為の宗教的基礎」水垣渉訳『ティリッヒ著作集2』白水社、78—79頁)

ニーチェとハイデガーの実存的良心学説については第6章で考察する。ここでは道徳が存在問題へと還元され、日常的な頽落した「世人」が否定され、ここからの超越として実存が規定されている点に注目したい。ハイデガーでは良心は「憂慮」(ゾルゲ)に発する語りの様態で、実存へ呼び開く声として捉えられる。「したがって良心は、現存在の存在に属する一つの証しとしてあらわになるのだが、この証しのうちで良心は、現存在自身をその最も固有な存在しうることの前へと呼ぶのである」(「存在と時間」原佑・渡辺二郎訳『世界の名著62』、464頁)。その際、良心は自分の外にある異質な法廷や審判者を代弁したり代表したりしないで、自分の本来的な自己存在可能に現存在を目覚めさす。そのため良心は一般の道徳を含まず、その呼び声には実質的な価値の要求が見られない。「呼び声は論議されるようなことを何ひとつとして『言わ』ない、呼び声は出来事についてのいかなる情報をも与えない。……呼び声は、そのときどきの現存在のそのときどきの単独化された存在しうることとして、この存在しうることを開示する」(前掲訳書、452頁)。良心はこのように具体的行為、道徳や倫理の領域から存在と実存の領域に移っている。

ショーペンハウアーが初めて道徳を出発点にして良心を存在に向けたのであった。そのとき道徳行為は前提され、存在のうちに把握し直されていたのに、ハイデガーの場合には行為から存在に移行する際の具体的内容を伴った内面化のプロセスの考察が欠如している。そのため良心の呼び声の具体的内容がなくなり、カントの定言的命法のように、「良心をもとうと欲せよ」また「実存へ決意せよ」と命じられる。

しかし、良心の声は「なすべからざることをなしてしまった」という他者に向けられた罪過についての道徳的反省から出発し、「わたしはあるべきようにはなかった」という自己の存在への問いかけとなっているのではなかろうか。まず具体的悪行があって、「お前は悪い」と責め立てられ、「自分は悪い」との自覚に達するのではなかろうか。

実存概念は一般者（社会）と単独者（例外者）との対立によって形式的に規定されている場合が多いといえよう。すなわち一般者の中に埋没している「世人」が良心の声にしたがって決意して、単独者となる「実存の変様」が説かれており、単に自己と成る主体性の確立が目ざされているにすぎない。さらにハイデガーはこの単独者は世人に対し良心となるという。しかし、他者の良心になるなどということは絶対にあり得ない不可能事である。道徳判断は普遍的であるから、他者の悪行に対し道義的責任は問えても、良心の呵責と罪責とはその人自身の自覚にまつほかはない。

カフカの『審判』の主人公ジョセフKには掟の門は開かれていても、彼はこの中に入っていって自己の罪性の自覚にいたるための良心が欠けているのではなかろうか。だから犬死のようなばかげた死へ強制される運命を自ら招いてしまうことになる。良心を強制することは誰にも許されていない。それなのにもし単独者が一般大衆の良心となるとしたら、それは唯一者と大衆との関係が独裁者と暴徒との関係構造からなる、ファッシズムに転落することにならないだろうか（「独裁者と暴徒との関係について」金子晴勇『対話的思考』56–62頁参照）。こうしてティリッヒのハイデガー批判は妥当するといえよう。

それでは超道徳的良心が道徳を基礎づけることはいかにして可能であろうかと次に問わなければならない。

まず第一に留意すべき点は超道徳的良心は道徳の領域を越えていても、良心であるかぎり、わたしの自我以上のものでなければならないという点である。その際、フロイトの超自我や自我理想といった人間から派生したものであるとしたら、それは真の意味で自我を越えているとはいえない。また、わたしたちは自家製の観念的理想像によって苦しめられる場合が多いのであるが、そのような観念の犠牲者がどのように罪責に苦しめられても、その人は真の意味で良心の人とは言えない。

良心現象が真の意味で超越的でありうるのは、わたしの良心がわたし以外のものの代弁者であるときだけである。良心は究極のものではない。したがって良心は誤ることがあるし、その声は神の声ではない。そうではなく、究極の一歩手前のもので、究極的なるものの代弁者にすぎず、このわたしを超えた良心との対話からわたし自身を理解しなければ、真の意味で対話的にその声を聞くことはできない。自分が自分に語るならば、独語でしかなく、良心の声を真の意味で聞くとは言えない。この意味でマリア・フォン・エブナー＝エッシェンバッハ（Marie von Ebner-Eschenbach, 1830 - 1916）の命法「汝の意志の主たれ、しかして汝の良心の僕《しもべ》たれ」は超道徳的良心で妥当する。なぜなら意志の主たることは超道徳の領域ではじめて可能だからである。この点に関してフランクル（Viktor Emil Frankl, 1905 - 1997）は『識られざる神』で「良心の僕《しもべ》」に関して次のように言う。

わたしが「わたしの良心の僕《しもべ》」たるべきであるとするならば、あるいは少なくともわたしがそもそもそのようなものであり得べきであるとするならば、ここでいう良心とはわたし自身とはおそらく幾分異なったもの、わたし自身より以上のものでなければならない。この良心はおそらく人間よりもいくらか高いものであって、人間は「良心の声」をただ聞きとるだけのものにすぎないのであろう。つまり、良心は人間の外にあるものでなければなるまい。換言すれば、わたしが、わたしの自己解釈で、良心というものをわたしの単なる人間存在を超越した現象として理解し、それと同時にわたし自身を、つまりわたしの実存を、まさしくこの超越から理解するときにのみ、わたしはわたしの良心の僕たりうるのである（『識られざる神』佐野利勝・木村敏訳、62–63頁）。

第二に宗教的良心で明確になったことは、神が良心に語りかけ、それを良心が聞くことによって成立する救済は、神の言葉によって基礎づけられており、良心の方にはこの言葉を聞いて応答する信仰が求められていたことである。したがって宗教的良心で良心が救いを獲得するのは、良心を超えた神の言葉からであって、良心自身は単に救いを受容するにすぎない。この意味で救済の働きは良心を超えている。それゆえルターは言う、「わたしたちの神学は、わたしたちの外にわたしたちを基礎づけるがゆえに、確実である。わたしは自分の良心・感覚的に知覚できる人柄・わざに信頼すべきではなく、欺きえない神の約束と真実に信頼すべきである」(WA. 40 I, 582)と。神の言葉は良心に対し超越しながらも、同時に良心に深くかかわっている。したがって宗教は原則として人間を超えた永遠者との関係から人間を把握しようとするのであるから、良心も永遠者の前に立つ自己意識として自己超越的になっており、単に実存としての自己への超越を説くものではない。

宗教の領域は、本書第1章の人間学的区分法(52頁以下)によって解明したように、理性的自律を超越した霊的信仰によって形成される。身体・魂・霊の三区分は感性・理性・霊性の働きに対応していた。わたしたちはこの三区分によって良心も社会的・倫理的・宗教的な三段階に分けて考察してきたのである。霊および霊性は人間の心の最も内なるものであり、そこで神の言葉が語られ、良心は信仰によってそれを聞くのである。だが霊の働きは理性を導き、理性によって身体は実践に向かう。それゆえ宗教的良心は理性道徳を超えた超道徳的性格をもっていながらも、同時に理性に働きかけてそれを導くのである。したがって超道徳的良心は道徳の否定にならないで、道徳を正しく導き、真の道徳の基礎となっている。

このような倫理のあり方は神律（Theonomie）と言われ、ティリッヒによると、神律とは実存の究極的意味が思想や行動のあらゆる相対的なかたちを通して輝くような行動様式であり、近代的自律と中世的他律との対立を超克する新しい生き方である。彼は次のように言う。

神律とは、他律とは反対に、超越的内実もって、それ自身法にかなった諸形式を実現することである。それはカトリック的権威思想のような意味で、自律を放棄することによって成立するのではなく、自律を自己自身のうちへ深めていって、自律が自己を超出する地点まで達することによって成立する（Theonomie, in: RGG 2, Bd. 5, SP. 1128)。

彼はまた「その神的根拠を知っている自律が神律である」（「キリスト教思想史」Ⅱ、佐藤敏夫訳『ティリッヒ著作集 別巻2』白水社、42頁）とも端的に述べている。この主張はそのまま良心にも当てはまる。こうして宗教的意味での超道徳的良心こそ神律的であって、道徳を基礎づけることができる。

# 第5章　良心概念の多義性と統一性

良心概念は多くの思想家や作家によって用いられていて、たいていの場合明確に定義されることなく、不確定のままで使用されている。それゆえ、それはヨードルのように多くの誤用のため神秘の暗闇におおわれているとみなされたり（F. Jodl, Allgemeine Ethik, S. 326f.）、ローテのように学術用語から除いて他の名称を用いるべきだとも考えられている（R. Rothe, Theologische Ethik, S. 21ff.）。これに対しシュトーカーは「やましい良心」をもって真正な良心現象とみなす優れた研究をなし、**良心概念の多義性**には６つの原因が考えられるという。

①良心は心的性質の深みにある現象の性質のゆえに多義的である。

②真剣な、かつ個人的に重要な現象である。

③語源上からも多義的である。

④民衆の言葉や詩人の心から多様に語られうる。

⑤学問上良心概念が間違って論理化されている。

⑥哲学体系に適合する限りで勝手に用いられ、適合しない場合は切り捨てられたため多義的になった。（H. G. Stoker, op. cit., S. 7ff.）

たしかに良心体験は個性的であるし、人格の深みにかかわっているので、これを一義的に規定することは困難である。また、神や永遠者との関係がヨーロッパの思想史では良心によって考察されてきているため、良心概念の規定が非常に困難であることも認められなければならない。

## (1) 語義的考察

しかし、わたしたちは多義的に用いられながらも、そこに何らかの統一性のあることを探求しなければならないであろう。そこでまず語源的考察により共通の意味内容をさぐることからはじめてみよう。明治の初め中村敬宇《けいう》が霊魂のことを「天良心」とか「道心」で表わし、明治7年にはすでに「良心」という言葉を用いていた（中村敬宇『請質所聞』および「西学一斑」、明六雑誌16号、明治20年5月）。また西周《にしあまね》は『生性剳記』で、良心や良知が習俗、法律、教育などにより経験的に形成されたものとみなし、孟子の先天的な良知・良能の説を批判している（西周『生性剳記』「西周全集第1巻」、137―138頁）。孟子は「人の学ばずして能《よ》くする所の者は、その良能なり。慮《おもんぱか》らずして知る所の者は、その良知なり」（『孟子』尽心章句上15）という。彼の良心についての考えは次の言葉の中に述べられている。

人に存する者といえども、豈《あ》に仁義の心なからんや。その良心を放つ所以《ゆえん》の者はまたなお斧斤の木におけるがごとし。旦旦にしてこれを伐る、もって美となすべけんや。

（『孟子』告子章句上巻8）

「良心を放《はな》つ」というのは良心を放ち失うことで、心のうちに善良な性がなくなることをいう。またこの語句より、良心は放心に対立する集中心とも考えられている。放心状態は斧でもって牛山の木を伐《き》り倒してしまったようなものである。「旦旦」とは毎朝のことで、せっかく夜に回復した良心も伐りとられると美しい性がだいなしになってしまう。孟子にとり「良心」は「仁義の心」と同義である。人間の本性は善であり、悪い行いは本性の罪ではない。じっさい人は仁（おもいやり）と義（正しい道）の心を生まれながらもっていると彼は説いている。伊藤仁斎も「仁義の良心」を孟子から受け継いでいる。「孟子屢々《たびたび》心を言うと雖《いえ》ども、亦《また》皆仁義の良心を指して言う」（伊藤仁斎『童子問』中の巻71）。しかし、彼は良心よりも愛の方がいっそう大切だと説く。「仁の徳たる大なり。しかれども一言以てこれを蔽《おお》う。曰く、愛のみ」（伊藤仁斎『童子問』上の巻39）と。

西周は孟子より仁斎に伝わる良心学説を批判して良心が意識の習慣より生じるという見方を採用したのであった（西周の良心論について小泉仰「近代日本の良心論」、日本倫理学会編『良心』所収論文を参照）。この経験主義に対決するのが大西祝《はじめ》の明治37年の『良心起源論』（明治23年初稿）であり、良心の発生を理想という観念の出現によって把握している。良心を理想と結びつける大西の良心論は次のようである。

吾人の道徳的生物たるは我本来の目的を臆測想念するの性能あるによる。禽獣草木《きんじゅうそうもく》と雖《いえ》ども、若し克く其生長の段階を臆測豫想する所を目途として生長しゆかば、彼らも亦道徳的生物たり、彼等も亦理想を有し良心を有するなり。……此吾人の理想とする所に対して覚する一種特別の衝動が是れ所謂る義務の衝動、可《べ》しと云ひ、可《べか》らずと云ひ、ねばならぬと云ふの心識なり。故に此心識の起源は吾人が我本来の目的を成就せむとする性具の傾向衝動にありと云ひつべし。其性具の傾向衝動に根拠せる理想の実現を妨碍するものは正さしく其傾向衝動に向って障礙《しょうがい》を与ふる者なり。この傾向衝動の障礙を受くる、是れ良心の不安、良心の咎めと云ふ心識の起る所以なり。（大西 祝、前掲書、139頁、146頁）

このように大西は「良心」を理想と義務との観点から考察し、本来的自己の目的を成就しようとする心の運動が阻害されたとき、良心が不安や咎めとして感じられるという。ここにはカント的道徳哲学の影響が認められるが、彼独自の優れた良心学説の展開をわたしたちは見ることができる。良心の語義的説明は彼により与えられていないし、理想に従って善悪を判断する力としての実践理性と理解される場合もあるが、理想と義務に向かう生具的（生まれながら具えている）善なる傾向衝動が「良い心」として考えられていたのではなかろうか。大西は良心と絶対者および人格神との関係をとくに問題にしていない。しかし、当時良心を天賦の性能とみた西村茂樹はその『心学講義』（明治25年）によって「良心は造物主が吾等人類を作為せる時に心性中に根植したる者」と説いている（西村茂樹『心学講義』332頁）。

明治時代においてもキリスト教の影響によって宗教的意味に良心概念が用いられるようになってきた。明治26年の『求安録』の冒頭のところで内村鑑三は「降《くだ》るは易くして登るは難く、降れば良心の責むるあり、登るに肉慾の妨ぐるあり」と語って「内心の分離」に言及し、良心現象を述べて、「聖書なる電気燈を以て余の心中を探る」と良心の責めを感じとっている。また祈祷書の懺悔《ざんげ》の言葉「我等は為すべき事を為さず為すべからざるを為せり」をあげて、進んで善をなさないこと、良心の命令に従わないことにも罪を感じるという（内村鑑三『求安録』、岩波文庫、14—16頁）。彼が共感をもって読んだバニヤンの自伝から宗教的な意味の「良心」概念を学んだと思われる。こうして明治43年には宗教的良心について次のように明快に述べるにいたっている。

> 神は二千年前に人に顕はれて、今は僅かに其行為を旧き記録に留むる者ではない、彼は人と倍なるに止まらず、人の衷に在る者である、即ち人の実在の根抵として存する者である、神を天の高きに探り、又時の始めに求めて、之を看出すことは出来ない、教会の宗教は神の在まさゞる所に彼を探りて迷信に陥ったのである。神の宝座は人の良心に於てある、其処に神は人と語り、彼を導き、彼を慰む、人に取りて神ほど近いものはない、誠に神は人の自己の

一部分である。(旧『内村鑑三全集』第9巻、625頁)。

内村は制度的教会に対決して、良心によって直接その実在に接し、実験的に意識しうる神を探求し、良心宗教を説くにいたっている(金子晴勇「内村鑑三のルター観」、『内村鑑三全集』月報17を参照)。

「良心」の語義は日本語によって字義通りに「良い心」として用いられている場合もあるが、道徳的にも宗教的にも特定の意味内容が与えられている。新村出編『広辞苑』は良心を「何が自分にとって善であり悪であるかを知らせ、善を命じ悪をしりぞける個人の道徳意識」と規定している。しかし良心を単に「道徳意識」と考えることには異論があり、意識でも個別的実存的契機が認められなければならない。とはいえ、日本語の「良心」は語義的に分析しても共通の意味が明確になることは少ない。むしろ、さまざまな解釈が与えられ得るところにこの概念の特色が見いだせるといえよう。

同様の事情はσυνειδησις《シュンエイデイシス》, conscientia, Gewissenについても妥当している。ヨーロッパ精神史でこの概念はさまざまな意味内容が与えられ、豊かな展開をなしているが、語義的には共通点はわずかに見いだされるにすぎない。

συνειδησιςは①他者と共有する知識。②伝達や通知。③知識。④意識や知覚。⑤善行と悪行との意識、良心。⑥共犯、罪責、罪悪、といった広汎多義なる意味をもっている（H. G. Stoker, op. cit., S. 10）。語源的には第一の意味で「共に知る」共知や意識を表わしたが、ストア派の哲学者たちの影響で道徳的意味が加えられてきたといえよう。

conscientia も語源的には良心の意味をもっていない。元来の意味は①多数の人の共通の知識（communis complurium scientia）②あるものに自ら気付いている心の状態（is animi status, quo quis alicuius rei sibi ipse conscius est）③知識・認識・教え（scientia, cognitio, doctrina）であった。後になってから道徳的意識となり、人間の内心（intus hominis）を意味するようになった（op. cit., S. 9f.）。しかし、語義的には「共に知る」共知をシュンエイデイシスと同様に意味している。たとえばトマスは良心を cum alio scientia（他のものにつながる知）として理解している（トマス・アクィナス『神学大全』I、q. 79, a. 13. 邦訳第6巻1、89頁）。この共知から自己意識に進み、良心へいたっている。

Gewissen は中世ドイツのベネディクト派修道院所属の神学者ノートカー（Notker Balbalus）によってラテン語のコンスキエンティアの訳語として gewizzani が造られ、Gewissen となった。その語源的意味は①あることの知、もしくは意識（Wissen um etwas, oder Bewusstsein）②他者との共知、したがって共同的な知識（Mitwissen mit andern, also ein gemeinschaftliches Wissen）③知識や知らせ（Kenntnis, Kunde）であるが、ラテン語のコンスキエンティアの影響によって道徳的意識の意味が加わって狭義のゲヴィッセンが形成された（op. cit., S. 9f.）。

このようにヨーロッパ語の良心は語源的には不明確な点を残していても、一つの共通な発展が見られる。すなわち、それは一般的には「意識」から出発して「道徳的意識」をとおり、「わたしたちのうちなる良心」という限定された意味を担うものとなっている。なかでも共通な事態はCon, syn, geが「共に」(mit)の意味をもっていることである。ではこの「共に」は誰と共になのか。神か他者か、それとも自己か。良心は存在的には神や他者に関わるが、意識の反省作用であるため、自己自身と関わることにより、自己告発や自己弁明がなされたりする。この告発し弁明する方の自己は現実の自己に対し審判者や弁護者というより高い存在となっている。こうして自己が二つの自己に分裂し、より高い方の良心は現実のわたしと共知者の関係に立っているが、決して同罪者ではなく、目撃者や証人の位置に立っている。だから「人間のあらゆる行いは、それに固有な、奪い取ることのできない公開性の光に照らされている。すなわちシュンエイデーシスの光のもとにある。良心は常に居合わせる目撃者である」(H・クーン『存在との出会い —— 良心の形而上学のための省察』斎藤博・玉井治訳10頁)。

次に良心は日常言語では共通して言えることはいつも呵責、不安、苦悶と結びついて表明されていることである。良心のうづきが責めの意識として感じられており、それを表わす根源的表象は「やましい良心」(mala conscientia)であり、その否定が「やましくない良心」(bona conscientia)である。良心の存在は「やましさ」によって何よりも先に感じられるものであって、第4章で詳述されたように「良い良心」という積極性は一般には意識に現われてきていない。したがって「やましくない」状態こそ平安な肯定的な良心のあり方と見なければならない。

さらに共通に言えることは良心は単なる反省の意識でなく、反省と共に現われてきてわたしの前に立ち、わたしを裁いたり弁護したりする働きである。だから良心は反省により知られ裁かれたり弁護されたりする現実のわたしよりはるかに高い存在で、わたしの個人性をも超越している。したがって良心はわたしの内にあるが、現実の個人的わたしを超越している。現実のわたしは罪に終わるならわたし以下となるが、良心は現実のわたし以上のわたしとして審判する。こうして現実のわたしを超越して本来のわたし自身となる自己の生成が良心の主体性を形成しているといえよう。

この点を明らかにするために文学作品を一つとりあげてみよう。ルートヴィヒ・ティーク(Ludwig Tieck, 1773-1853)は戯曲『長靴をはいた牡猫』の中で、長牝を買い与えた猫を信用しうるのはその良心であることを述べて次のように語っている。

動物学の本にはきまって「猫は信用すべからず」とか「猫は獅子科に属す」とか書いてあるが、おれはその獅子ってやつが、なさけないほど恐ろしいんだ。もしあの牡猫のやつ、良心がないと、おれが無けなしの金を、はたかなけりゃならねえ長靴を持って逃げ出すかもしれねえな(『長靴をはいた牡猫』大畑末吉訳、岩波文庫、26頁)。

猫を信頼するのにその本性、つまりドロボー猫の習性にかけることは不可能で、ただその良心以外にはない。したがって猫が猫以上のものでなければならないことになる。はたせるかなこの戯曲の主人公、猫のヒンツェも自分の欲望に負けそうになる。そこで猫の良心の声は次のように発せられる。

チェッ! 恥を知れ、ヒンツェ!——同胞の幸福のために自我と欲望とを犠牲に供するのは、高貴なる心の持主の義務ではないか。これこそ、われわれが何故に生れてきたか、その所以である。それができない者は——むしろ、おお生れざりせば!(前掲訳書、51頁)

わたしたちが他者に信頼を寄せうる究極の根拠はその人の内なる良心のほかなにもない。そこからあのマリア・フォン・エブナー゠エッシェンバッハの直裁な命法「汝の意志の主たれ、しかして汝の良心の僕たれ」も十全な意義をもってわたしたちに発せられるのである。

良心の語義上の説明はこのくらいにしておこう。そこでヨーロッパ精神史上最初に良心が学説上重要な意味をもってくるストア派の哲学思想を考察し、キリスト教の影響により宗教的色彩を帯びる以前の使用法と意味とを明らかにしたい。

## (2) 道徳的意識の源泉としての良心

良心概念は個別化した自己の内面性の出現と共に歴史の上に学説となって登場してくる。個人的な運命と負い目の意識、それを浄化する義務が中心になっているギリシア悲劇、あるいは後期ユダヤ教における神の前での個人的責任意識の強調という現象が個人の内面性を準備し、それにより良心概念が成立したと思われる。とくに古代の末期に近づくとポリスの崩壊により社会的変動が激しく、集団的意識に立っていた社会的自己存在の直接的肯定が姿を消し、民族、国家、帝国を超えて自己自身に向かう内面性が確立され、良心学説が出現するにいたる。

ストア派の哲学は、古代末期のアカデメイアが懐疑論を主張したのに対し、内面性に立って道徳的価値の絶対性を弁護し、国法に優る自然法を神が創始し、それによって審判することを説いた。したがってこの法に従わないものは良心の告発によって罰を受けるとも説かれた。またストア派によっては良心と理性とが同一視されもしている。

### ① キケロ

まずキケロを通して考えてみよう。良心はキケロではは道徳的意識であり、良心に聴き従うことが道徳上の指針となっている。「わたしの良心は自分にとってすべての人のおしゃべり以上のものである」(Cicero, Atticus. XII, 28, 2.)。したがって「全生涯を通じてだれも正しい良心から決してはずれ迷い出てはならない」(Cicero, ibid. 20, 4.) と勧告されている。良心はこのように理性と同じ道徳の指導者であるが、その根底でははは法により裁く力である。

裁判官諸君、良心の力は偉大である。しかも次の両面で偉大である。すなわち、罪を犯さなかった人たちはすこしも恐れないし、また罪を犯した人たちは罰がいつも眼前にちらついているように想う。(Cicero, Pro T. A. Milone, 61.)

良心は違法行為に対し罰せられたという「やましさ」の意識により苦しめる。「不正を受けた人ではなく、不正を行った人の中に犯罪と良心の罰が残っている」(Cicero, In L. C.Pisonem, 95.)。良心の罰というのは良心が法に従って審判する力であることを示している。こうして良心は裁くのみならず、同時に罪責感情となって現象してくる。「あるいは、よく生じる習わしであるように、良心があなたを臆病にし、猜疑的になしたのか」(Cicero, Verres, V, 74.) とも語られている。ここでの良心の働きは罪責感情を生みだす根源となっているのである。同じ事態は次のようにも述べられている。「相手が赤面し、青くなり、どもったと告発者が主張しうるなら、それは良心のしるしである」(Cicero, Auct. ad Herenn. II, 5, 8.)。この良心の苦痛は外面的には無罪と思われている人々においても内面に呵責を与えている。この事態は次のように語られているところで明らかである。「不面目や不名誉なことを心の痛みもなく〔平気で〕耐えている人たちは、罪からまぬがれているように見える。しかし、良心により苦しめられるほうがよい」(Cicero, Tuscu. Disput. IV, 45.)。

キケロにとり良心の導きに従う生活は気高く偉大である。なぜなら良心が行為の善を証する証人であるから。それは自然に内在するロゴス(ラティオ)にもとづく人格の核心である。この道徳の根源としての良心も現実には罪責感情をともなって苦痛ややましさとなって現象している。良心は善をすすめ悪をしりぞける道徳意識の根源ではあるが、現実には個人の行動とともにやましさとして現われているところに、単なる一般的道徳意識とは相違していることが示されている。

## ② セネカ

セネカもストア派の教えにしたがい理性を人間における神的なものとみなし、良心をも道徳生活の重要な監察者であると説いている。「良心はわたしたちの悪行と善行との監察者にして監督者として、わたしたちのうちに住まう聖なる精神である」(Seneca, Epistola, 41,2.)。この良心は神的な火花である。「人間は神の霊の一部である。その部分はあたかも星の閃光のように地上に落ちてきて、見知らぬ地にとどまっている」(Seneca, De otio, 5, 5.)。セネカはキケロよりも良心概念を多く用いているが、代表的な典拠として『幸福な人生について』から次の一文を引用しておこう。

何ごとも名声を博するために行なうのではなく、すべてを良心に従って行なおう。自分だけしか知らないことを行なうときは、すべて公衆の面前で行われるものと考えよう。わたしの祖国は大世界であること、その主宰者は神々であること、神々はわたしの頭上にも周囲にも常にいて、わたしの言語・動作の監察官であることを知ろう。いつの日か自然がわたしのいのちを取り戻そうとするか、あるいは理性がそれを放免しようとするか、いずれにせよそのときには次のように証言のうえ、この世を去っていこう――わたしはやましくない良心を愛し、良い仕事を愛した。また、誰の自由もわたしにより制限されなかったし、わたしの自由も少しも制限されなかった――と(Seneca, De vita beata, 20, 4.『幸福な人生について』茂手木元蔵訳〔『人生の短さについて』岩波文庫所収〕157－158頁によるも一部変更)。

セネカでは良心は神的なものと考えられ、神々の支配に服する宗教的性格を帯びるようになっている。彼は皇帝ネロの教師であったが、ネロにより自殺を命じられた。同じ時代にネロにより迫害を受けたキリスト教徒のうちにもすでに良心概念はストア的観念を超えて宗教性を深めていたのである。こうしてストア派では良心概念は道徳意識の源泉として考えられていた一般的性格が次第に宗教的特質を帯びるものに変化している。かかる傾向は道徳的なストア派の内部のうちに、セネカに見られるように、準備されていたのである。

## (3) 宗教的世界観の反映

ヨーロッパ精神史のなかで良心概念は二つの歴史的プロセスにおいて大きな変化をうけている。その一つはキリスト教の影響により宗教性が深められたプロセスであり、もう一つは近代の主体性により良心の廃棄にまでいたるプロセスである。まず前者から考察することにしよう。主として道徳意識の源泉と考えられていた良心概念はキリスト教の世界観を反映するものとなり、神に対する罪の意識が強められるに従ってその宗教性が深めはじめられるようになる。このプロセスで重要な発展はパウロ、ヘブライ人への手紙、アウグスティヌスである。しかし、このピークは近代のルターの良心論にいたって完成している。

### ① パウロ

共観福音書、ヨハネ福音書、およびヨハネ文書にはシュネデイシス（良心）は全く見当らない。

しかるにパウロ書簡では20回、使徒言行録のパウロの箇所で2回、ヘブライ書5回、ペテロの手紙で3回用いられている（M. Kahler, Das Gewissen, C. A. Pierce, Conscience in the New Testament, H. Chadwick, Das Geewissen : in Reallexikon fur Antike und Christentum などの文献が挙げられる）。この良心概念はストア派から採用したものと考えてよいであろう。したがって道徳的意識としての良心は一般的意味でもって受容されているが、パウロやヘブライ書では全く独立した意味が加えられている。パウロの場合には良心がヘレニズム時代の語法のように過去における罪過のみに向かうのではなく、将来の行為の意図を吟味するためにも使用され、さまざまな形で忠告する良心が展開している。さらに神との人格的関係が良心により表明されるようになり、「神の前」での自己省察が行なわれ、良心の観点から宗教的習俗や道徳の問題が考察されるようになっている。全体を分類すると以下の六つの用法に分けられる。

（1）神の言葉や戒めを表わす律法の内容が律法をもたない異邦人の心にも存在することが良心により示されている。異邦人について次のように言われている。

こういう人々は、律法の要求する事柄がその心に記されていることを示しています。彼らの良心もこれを証ししており、また心の思いも、互いに責めたり弁明し合って、同じことを示しています。（ローマ2・15）

律法の要求とは、律法のわざであり、戒めの内容をいい、心にしるされた書かれざる法としての自然法を指している（自然法については第3章⑴を参照）。この自然法の存在を良心が証言しているが、それはこの法に従って「告発」と「弁明」が良心によって生じているからである。この箇所は以後の良心論の古典的典拠となっている。

（2）神の前に立っての自己省察は良心をして自己超越的に神に向かわせている。わたしたちがたとえ良心ではやましくなく、道徳的に正しくとも、道徳的良心をもって神の前に立つことはできない。

自分には何もやましいところはないが、それでわたしが義とされているわけではありません。わたしを裁くのは主なのです。（Ⅰコリント4・4）

ここでは良心は道徳的な意味で用いられ、神の前に正しいと認められるのは良心ではなく、良心を超えて審判をもって良心にのぞむ神であると説かれている。

（3）良心は自己の真実性を証言する。ローマ9・1、Ⅱコリント1・12、使徒23・1、24・16にこの証言する良心が使われている。ローマの修辞家クィンティリアヌス（Marcus Fabius Quintilianus, ca. 35 - ca. 100）の言葉「良心は千の証人である」（conscientia mille testes. Quintilianus Inst. V,

11, 14）にこの良心の証言が端的に表明されている。
（4）他者の良心にパウロは自分の真実なことを訴えている。IIコリント4・2、5・11。
（5）社会的権威に良心は服し、社会の習俗や集団の規定に拘束されている場合がある。パウロは国家社会の法や習慣に良心が拘束されていることを知っている。その場合、彼は「弱い良心」に対する配慮を説いている。ローマ13・5、Iコリント8・7—13、10・25—29。
（6）指図と警告が良心に対してなされている。よく引用される聖句をあげておこう。

わたしのこの命令は、清い心と正しい良心と純真な信仰とから生じる愛を目指すものです。（Iテモテ1・5）

そのほかにIテモテ1・18以下、3・9（清い良心）、4・2（自分の良心）、IIテモテ1・3（私は、夜も昼も祈りの中で絶えずあなたのことを思い起こし、**清い良心**をもって先祖以来仕えている神に感謝しています。）、テトス1・15（清い人には、**すべてが清い**のです。しかし、汚れた不信仰な者には、何一つ清いものはなく、その知性も**良心**も汚れています。）がある。

パウロでは良心の宗教的特質はいまだ十分には示されていないが、神の前に向かう傾向が示されている。主として倫理的意味で良心は用いられていて、社会的習俗の領域でも良心概念が使用されているゆえに、わたしたちは前に考察した良心の三段階の萌芽がすでにみられるといえよう。

## ② ヘブライ人への手紙

新約聖書の中でもヘブライ人への手紙は比較的成立が新しく、独自の救済論を展開させている。なかでも良心概念はキリスト教的な宗教経験と深くかかわるものとして用いられている。それは五回使用されていて次のような特質を示している。

（1）宗教的儀式によっては良心は救われない。この手紙の第九章はイスラエルの幕屋の構造から叙述を開始している。幕屋は前庭、聖所、至聖所から成り、至聖所の中に贖罪所（香の祭壇）がもうけられていて、大祭司は年に一度だけ犠牲をささげるためにそこに入って行く。しかし、この犠牲をささげる行為は単なる宗教的儀式にすぎず、キリストによる贖罪を比喩的に示しているにすぎない〔すなわち「供え物といけにえが献げられても、礼拝をする者の良心を完全にすることができないのです」（9・9）と説かれている。

（2）律法によって「罪の自覚」が生じるじ律法により宗教的儀式の規定が定められているが、この儀式により神の前に近づいても、目的を実現することはない「もしできたとするなら、礼拝する者たちは一度清められた者として、もはや罪の自覚がなくなるはずですから、いけにえを献げることは中止されたはずではありませんか」（10・2）。律法の定める儀式によっては罪は清められず、律法によって「罪の自覚」が生じるにすぎない。この「自覚」と訳された言葉はシュネデイシス（良心）であって、罪責意識を意味しているい（3）キリストの血による良心の清めがなければならない。このことが二回にわたって強調されている。

なぜなら、もし、雄山羊と雄牛の血、また雌牛の灰が、汚れた者たちに振りかけられて、彼らを聖なる者とし、その身を清めるならば、まして、永遠の〝霊〟によって、御自身をきずのないものとして神に献げられたキリストの血は、わたしたちの良心を死んだ業から清めて、生ける神を礼拝するようにさせないでしょうか。（9・13―14）

同じことが幕屋の構造をとおしてもう一度次のように語られている。

それで、兄弟たち、わたしたちは、イエスの血によって聖所に入れると確信しています。イエスは、垂れ幕、つまり、御自分の肉を通って、新しい生きた道をわたしたちのために開いてくださったのです。更に、わたしたちには神の家を支配する偉大な祭司がおられるのですから、心は清められて、良心のとがめはなくなり、体は清い水で洗われています。信頼しきって、真心から神に近づこうではありませんか。（10・19―22）

ここに「良心のとがめ」とあるのは「やましい良心」のことで、病原体が血清により駆逐されて健康体に回復されるように、罪に染った心にイエスの血が注入されると良心のやましさが取り除かれる。これが贖罪である。このようにキリスト教の救済論の中心に良心が位置するようになり、良心概念に宗教性が加えられるようになった。

（4）やましくない良心から道徳が良心の倫理として語られている。「わたしたちのために祈ってください。わたしたちは、明らかな良心（やましくない良心）を持っていると確信しており、すべてのことにおいて、立派にふるまいたいと思っています」（13・18）。邦訳では「正しい良心」（聖書協会共同訳）また「曇りのない良心」（フランシスコ会聖書研究所訳）と訳されているカレー・シュンエイデイシスは「やましくない良心」であって、罪責から解放されてはじめて歓ばしい心でもって善いわざに励むことができるのである。

ヘブライ人への手紙で良心がキリスト教の贖罪論と結びついたことは、パウロでは道徳的意識を主として意味していた倫理性に宗教性を加えることになり、キリスト教思想が良心概念のうちに反映するようになった。また贖罪所を至聖所のうちにもつ幕屋の比喩は既述のようにルターでは良心の三段階説を生むものとなっている。こうしてヘブライ人への手紙の良心論はその後の概念的発展の方向を明確に定めた重要な意味をもっているといえよう。

### ③　アウグスティヌス

アウグスティヌスでは良心は「内面性」とも「神に向けられた内心」とも考えられているように、人間の内面性でありながら同時に神に向かう傾向を明らかに示している。これはアウグスティヌス的内面性の命法が「あなた自身の内に帰りなさい」という命題と、「あなた自身を超越しなさい」という命題とによって二重に示されている事態と同じである（アウグスティヌスの「内面性の命法について」金子晴勇『アウグスティヌスの人間学』第1部、第4章を参照）。内面性の命法と良心とは結びつけられて、次のように言われている。

まず、あなたのため、あなたの内にあなた自身が審判者となるように。あなたが内なる良心から確実に他者に向かうためには、まずもってあなたを吟味しなさい。あなた自身の内に帰り、あなたに注目し、あなたを調べ、あなたに聴きなさい（Sermo, 13, 7)。

この内的な良心は外面的な規定や名誉と鋭く対立し、内なる孤独の荒地にあって神に向かう。「内なる良心は神を求めるように勧める」（Augustinus, De util. cred., 10, 34.）こうして「良心では、そこへ誰も入り行かず、誰もあなたと共になく、あなたと神とが現存する」（Augustinus, En. in Ps. 54,

9.)。したがって良心は神が人間に現臨する「宝座」(sedes)であって(Augustinus, ibid., 45, 9. 内村鑑三も同じ言葉を用いている。本書36頁参照)、そこで神は「良心の監視者」として立つため「あなたの良心は神の前にある」(conscientia tua coram deo. Augustinus, Sermo, 47, 11.)と語られている。このような宗教的特質がいたるところで示されているが、ここでは『告白録』に限定してその使用法のいくつかを明らかにしてんたい。

(1)まず道徳的命令の意味で良心が考えられている。人びとは文法上の規則を厳守しながら永遠の救いに関する掟を軽んじたりしているが、「いかなる文字の知識も〈自分がなされるのを欲しないことを他人になす〉のを咎める良心よりも深くない」(『告白録』1・18・29、服部英次郎訳)。この良心はいわゆる黄金律を内容とし、文法の法則よりも道徳法のほうがいっそう深いところにあり、さらに永遠法は最も深いところにあることを語っている。

(2)良心は自己との面識であり、自己告発をする。良心は自己の前に自分を立て、自己認識を迫る力であることが次のように語られている。

同郷出身の知人ポンティキアヌスはこのように語った。しかし、主よ、あなたはかれが語っているあいだ、わたしをわたし自身にふりむかせ、自分をみつめたくなかったために、わたしが身を隠していた背後からわたしを引き出して、わたしをわたしの面前に立たせられた。

それはわたしが如何に醜く、如何にひねくれていて不潔であり、しみと膿にみたされているかを、わたしに見せるためであった（前掲書8・7・16）。

これに続くのが**良心の告発**である。

しかしわたしがわたしに対して丸裸にされて、わたしの良心がわたしを面詰する日が来た。……わたしはポンティキアヌスがあの話をしているあいだ、このように内心を責めさいなまれ、恐ろしい羞恥に心をかき乱されていた（前掲書8・7・18）。

良心の自己面識はこのような実存的苦闘を惹き起こしている。ここでは知人が模範的修道士の回心について語ったことにより自己認識が話中無言のうちに起こり、実存的な罪責に陥っている様子が描かれている。

（3）神の前での自己検討により良心の深淵があらわになる。『告白録』第10巻からアウグスティヌスは過去から転じて現在の自己を神の前で点検し始め、次のように告白している。

さて、主よ、「あなたの目には」、人間の意識の深淵も、「裸である」から、たといわたしがあなたに向かって告白することを欲しなくとも、何がわたしのうちにかくれているであろうか。わたしはあなたをわたしにかくすことがあっても、わたしをあなたにかくすことはないからである（前掲書10・2・2）。

ここに「人間の意識の深淵」（abyssus humanae conscientiae）というのは「良心」の深みを意味しているし神の前に立つと良心はすべてその深みまで白日のもとに晒される。たしかに良心は「意識」の意味をもっている。だからそのように訳すのは可能であるが、この意識は認識論的働きではなく、人間存在の自覚を指しているのであるから、「自意識」と訳した方がいっそうよいであろう。こうしてアウグスティヌスは神の前に立つ自己として実存的な良心を位置づけている。この良心は神と対話的に関わり、告白を続けるが、神の前の実存状況では通常の言語を破る呻きと叫びが激しい情緒的作用を惹き起こす。

わたしが告白するのは、肉の言語や音声によるのではなく、魂の言語と思惟の叫び声によるのであって、それをあなたの耳はよく聞き分けられる。……それゆえ、わたしの神よ、わたしの告白は、「あなたの御前で」あなたに向かって、沈黙のうちに行なわれながら、実は沈黙のうちに行なわれているのではない。音声では沈黙しているけれども、心情では大声を立てて叫ぶのであるから（前掲書10・2・2）。

神の前に立つ良心の語りは、自己の全存在をあげて日常言語を超えた沈黙の叫びにおいて発せられる。そこには実存的な自己理解が自己を一つの問いにまでなしているといえる。良心は自己の行った個別的行為に端を発しながらも、行為の主体である自己の存在、しかも実存状況に立つ自己存在を表現している。こうして宗教的世界観をたんに良心は反映している以上にその深淵が宗教的自己理解と結びついて明らかになってきている。

（4）神の恩恵により良心は新生する。アウグスティヌスは「恩恵の教師」と呼ばれるほど神の恩恵を強く主張する神学者である。この恩恵を受容するためには、人間は自己の無力を自覚していなければならない。高慢な者と神の恩恵とは絶対に相容れないからである。そこで「自己の無力（弱さ）を自覚する」（fit conscius infirmitatis suae）という表現がアウグスティヌスによって使用されているとき、自覚の主体は良心であることが表明されている。この表現は聖書でも用いられている。「わたしは自ら省みて、なんらやましいことはないが」（Nihil enim mihi consicius sum. I コリント4・4：口語訳）とあって、やましくない良心のあり方が「**自覚する**」という言葉で言い表わされている。これと同じ仕方で『告白録』は次のように語っている。

自己の無力を自覚する弱い者もすべてこの恩恵によって強くなり、また善良なものも、もはやそのような罪を免かれている人びとの過去の悪事を聞くことを喜ぶのであるが、しかしかれらが喜ぶのは、それが悪事であるからではなく、過去の悪事であって現在の悪事ではないからである。それでは、どのような結果を求めて、わたしの主よ、わたしの良心は、それ自身の無垢によるよりも、むしろあなたのあわれみに希望をつなぐことによって、安んじて日々あなたに向かって告白するのであるが、いったいどういう結果を求めて、……わたしの現在を、あなたの御前で、世の人びとに告白するのであるか（前掲書10・3・4、一部訂正の上で引用する）。

アウグスティヌスの良心は神の前に「自分の無垢」によって倫理的に立つのではなく、「神のあわれみ」への希望のうちに立っている。この態度も聖書的であって、パウロは自分は良心にやましくないが「それで義とされるわけではない。わたしをさばくかたは主である」と先の引用文に続けて述べているのと同一の事態である。神の前に人間は善行を積みあげて立つことはできず、ただ神のあわれみにより鈍らなければならない。ここに宗教的人間の良心的事態が存在している。ただし、良心は自己の無力という実存状況を自覚している。良心はやましさにおいて強烈に自覚されるように、自己の無なることを主体的に捉えている。ここに良心の最も優れた特質が認められるであろう。すなわち、主体的に良心的であろうとすることは、宗教的次元においては、積極的な行為でありながら同時に徹底的に自己否定となっている。そこには「無への意志」が働いていて、もしこれを「自由意志」で表現すると自己矛盾に陥るが、「やましさ」を本来の現象形態とする良心においては「無の自覚」として優れた意義が認められるといえよう。

このような良心の宗教的意義を最も明らかに説いたのはルターであったが、わたしたちはアウグスティヌスによってすでにそのことが準備されていたことを知ることができる。

# 第6章　良心と悔悟の学説史

アウグスティヌス以後では良心がさまざまな学説によってどのように理解されており、現代にいたったかを考察することは、精神史の上でもきわめて重要な意味をもっている。しかし、本書における良心現象の分析にとってそれは直接わたしたちの主題にすべきことではない。ただ、ヨーロッパ精神史における良心学説の流れの中で前章と同じく良心概念の多義性と統叫性を考察し、良心の構造をとりだすのに役立つものを簡単に叙述してみたい。

## (1) 良心概念の学説史的考察

### ① トマス・アクィナス

中世の良心思想はトマスの学説によって代表されている。良心はシンテレーシス（良知）という実践理性との関係において中世では主として考察される（「シンテレーシスについて」拙著『ルターの人間学』205頁以下を参照）。ボナヴェントゥラはシンテレーシスが意志の中にあるとみなし、それが「良心への火花」として働き、善きわざをなすことによりわたしたちを神へ導くが、そのためには良心が修錬により清められねばならないと説いている(Bonaventura, De triplici Via, 1,2.)。しかし、トマスによるとシンテレーシスは知性に属し、実践理性として倫理的判断を下す。この倫理的原理を個別的状況に適用して判断する力が良心である。良心は個別的な「他のものにつながる知」である。『神学大全』では次のように言われる。

良心とは、本来的にいえば、能力ではなくしてはたらきである。……良心とはすなわち、語の特性からいって、知を何ものかに対して秩序づけることを意味している。けだし、「良心」conscientia とは「他のものにつながる知」cum alio scientia の意である。だから何ものかに対する知の適用ということは、何らかのはたらきによっておこなわれるものにほかならない。

（『神学大全』I, q. 79, art.13. 邦訳第6巻189頁）

同様のことは『真理論』でも述べられているが、個別的なものに知を適用して「共に知る」(simul sciere）を良心は意味すると言い（Thomas Aquinas, De veritate, q. 17, art. 1.）、普遍的知を提示するシンテレーンスの大前提と個別的知を示す理性の小前提、さらに良心が適用されて行なう判断による結論とから三段論法が形成されるという。この三段論法では大前提は不可謬の真理を述べているので決して誤らないが、良心の過誤が生じるのは小前提の誤りの場合であるから、大小の二前提が共に自明的に真であるなら、良心は誤らない（Thomas Aquinas, op. cit., q. 17, art. 2.）。

中世の教会では「良心の過誤」を防ぐために『良心の事例集』(Summae de casibus conscientiae）によって指導が行なわれ、良心は教会の権威の支配下に置かれるようになった。トリエルの判事エックがヴォルムスの国会でルターに「マルティンよ、良心が過誤に陥っているのだから、あなたの義務にしたがい良心を棄てなさい」（WA. 7, 839. 詳しくは前掲拙著199頁以下を参照）と勧告したのはこのような良心理解によるのである。

### ② ルター

ルターの著作にはだれしも「ほとんど例を見ないほどすべての表現が良心に集中している著しい事実」（エーベリンク）を認めないわけにはいかない（G. Ebeling, Luther, Einführung in sein Denken, S. 198.）。神の前に罪を自覚し、絶望をとおって良心が信仰により救われるという基本的主張が彼の著作の隅々まで行き渡っている。また自分の著作を取消すように先述のトリエルの判事エックにより迫られたとき、彼は次の有名な言葉を述べたのだった。

> わたしの良心は神の言葉に縛られているのです。わたしは取り消すことができないし、またそうしようとも思いません。なぜなら自分の良心に反して行動することは危険であるし、正しくないからです。神よ、わたしを助けたまえ。アーメン。（WA. 8, 837.8）

良心学説上注目すべき点は彼が良心の道徳的判断の機能のほかに実存的な規定を与えている

ことである。まず良心の一般的定義が、「良心とは行為する力ではなく、審判する力であり、これによりなされた行為は判定される」（WA. 8, 606.）と述べられ、パウロのローマ書2・15によって良心の本来の任務が告発と弁護であるとみなす。「だから、良心の任務は行為することにあるのではなく、行なったことおよび行なわれるべきことを審判することにある。この審判は神の前に有罪とするか無罪とするか〔の判決〕を行なう」（WA. 8, 606.）。これらの定義は伝統に従って行なわれたもので、新しい点はない。これに対し、良心を人間存在の人格的核心とみなす実存的規定が次のようになされている。「きわめて繊細で感じやすいものである良心は、閉じこめられると天と地が余りにも狭くなる牢獄でもある」と。ここでは良心は「もの」（res）として「きわめて繊細で感じやすい」という性質をもっていると定義づけられたので、「牢獄」という窮地に追いこまれた状況が示され、続いてその理由があげられている。「なぜなら、無限なる神がそこに存在していて、神の手からだれも逃れることができないからである」（WA. 40 I, 521.）と。

このように良心は神の前において窮地に立つものと理解されているのは、ルターが良心をそれ自体として考察しないで、神の言葉との関連の中でとらえているからである。神の言葉は律法と福音という教義として示されているため、良心は教義との実存的相関において理解されるようになっている。

ルターによると律法により罪が認識されると、良心は自己告発をし、神の怒りを感じて、自分が破滅せざるを得ないと推論する。この良心の自己審判は同時に神の審判でもあって、良心は神の代理をつとめている。というのは良心は神の律法に照らして自己を点検するからであって、良心からは告発しか出てこない。

確かにわたしたちの良心からは、告発する心の想いしか出てこない。なぜなら(もし神がその恩恵によってわたしたちのうちに働きたもうのでないなら)、わたしたちの行為は神の前に無であるから。(WA. 56, 204.)

では、良心の弁護する任務はどこから生じうるのか。彼によるとキリストの福音のみがそれをなす。こうして「弁護者は告発者よりも大である。しかも無限に大きい。神は弁護者であり、心は告発者である(Deus defensor, cor accusator)」(M. Luther, ibid.)。

ルターは主に宗教的領域で良心概念を使用し、良心は神の言葉の下位に服している。また良心は神の言葉の下で自由を得ているが、この宗教的自由にいたるため、良心は中世的教権組織から自由でなければならないと説いた。この後者の自由は相対的世界において自律的に行動する自由をもたらしたのである。このように限定された意味でルターの良心概念は「中世から『自律的思惟』への決定的転回点に立っている」(ジークフリート)と考えることができる(T. Siegfried,

Luther und Kant, S.57.)。

### ③ バトラー

イギリス国教会の主教バトラー（Joseph Butler, 1692 - 1752）は啓蒙時代の神学の代表者で、自然界の事実より類推してキリスト教の真理を弁証しようとし、『宗教の類比』（１７３６年）を著わした。倫理学においては道徳的価値判断の働きとして良心を説き、かつ道徳的行為者としての良心の意義をも明らかにし、良心の自律の方向を開拓した。『人間性についての15の説教』（１８２６年）で彼は人間本性が、欲求・情念・愛情・内省原理から構成され、前三者は最後の良心の最高権威により秩序づけられているという（J. Butler, The Analogy of Religion to he constitutionand Course of Nature : also Fifteen Sermons, p.341.)。内省原理として良心は行動を検分し、承認・否認・無記（形而上学的な問題について判断を示さず沈黙を守ること）の働きをする。この判断の働きを良心は他者の助けを借りないで、自己自身で威厳をもって承認したり断罪したりする。「良心の能力により人間は自己自身にとって一つの法である」(op. cit., p. 378.「人間が道徳的な行為者であって、自分自身に対して法則であるのは、人間にとって本性的なこの能力による」)。つまり人間は自己立法的で、良心の中に守るべき道徳法則をもつ道徳的行為者（moral agent）である。良心はここに神的権威から離れて自律するものとなった。もちろん、良心は自然の創造者によって指定されたものであり、人間存在の条件であるから、見棄ててはならない（op. cit., p. 386.)。

バトラーはこのような良心と自愛とが予定調和的に一致すると楽観視している。

良心と自愛とは、もしわたしたちが真の幸福を理解するなら、わたしたちをいつも同一の道にみちびく。義務と利益とは完全に一致する。(op. cit., p. 390.)

自愛や利己心はホッブスにより公共性に違反するため国権により抑制されなければならない敵対者と考えられていたのに、ここでは良心に合致するという。このような見解が生れたのは、個人と社会との予定調和が確信されるほど市民社会が順調な発展をしていたからであるといえよう。

### ④ カント

カントは初期の『倫理学講義』で良心を「内的法廷」として規定し、良心が告発者であるのに自愛は弁護人であって両者は対決し合うと説いて（パウル・メンツァー編『カントの倫理学講義』小西国夫・永野ミツ子訳、169—170頁）、バトラーの考えと対立している。この著作では彼は良心を神的立法者に結びつけ、神的法廷の代理人であるという。

良心はすべて自然なものではあるが、この自然な良心の根底には、超自然的な法則、あるいは啓示された法則が存することはあり得る。良心はわれわれのうちにつぎのような神的法廷を提示する。すなわちその第一は、良心はわれわれの心情と行為とを、法則の神聖性と純粋性とに則って判決する。第二には、われわれは良心を欺くことができない。第三には、良心は神の遍在と同じくわれわれに現在しているから、われわれはこれから逃れることができない。したがって良心は、われわれのうちなる神的法廷の代理人であり、決して毀損されてはならないものである（前掲書、171頁）。

晩年の『人倫の形而上学』の徳論でも彼は良心を内的法廷の意識と呼んでいる。そのさい法則や義務が提示され、行為がそれに適っているか否かが判定される。

良心とは、法則を適用するいちいちの場合に、人間のまえにその義務を示して、彼を赦したり断罪したりする実践理性である。したがって、良心は客体に関係するのではなく、ただ主体に関係するだけであり、したがって、責務とか義務とかではなくて、さけることのできない事実なのである。（「人倫の形而上学」森口美都男・佐藤全弘訳、『世界の名著32』、555頁）

良心は主体にかかわり義務に適っているか否かを「まるで他の人格の命令でやっているように考えぬわけにはいかない」（カント、前掲書、599頁）。このような他者は理想的人格としての神と考えねばならない。こうしてカントは内的審判者として神を立てている。

ところで、一切のものにまさって権威をもっているこのような道徳的存在者こそ神とよばれる。したがって良心とは、その行ないのゆえに神の前に果たすべき責任の主観的原理と考えられねばならないであろう（前掲書、600頁）。

カントの良心論はこのような神学的側面を残しているが、神は単なるイデー（理念）であり、人間は道徳的に立法する神聖な存在者たる実践理性に服従すべきことが説かれている。カントにおいて良心は神律的特質を残しているが、そこから自律への方向が明白になってきているといえよう。

## ⑤ ショーペンハウアー

ショーペンハウアーはカントの良心論の批判者として一般に評価されている。カントが良心を実践理性とみなしているのに対し、定言的命法は行為の前に発せられるのに良心は本来行為の後から働くといって、両者を同一視すべきではないと批判する。また良心はその素材をつねに経験からとり入れるのに、定言的命法は純粋にアプリオリであるから素材を経験からとり入れないとも主張する。さらに良心の法廷が現に存在するとしたら、良心に反する行為をするほど愚かな者はいない。実際は良心は微弱だから宗教により強化せざるをえないし、告訴人と審判者が同一人からなる法廷において告訴人はいつも訴訟に負けるとカントは言っているが、実際は告訴人は負けることがないから良心のやましさが存在すると批判している（「道徳の基礎について」前田敬作・今村孝訳『ショーペンハウアー全集9』白水社、275頁）。しかしカントは『実践理性批判』では『人倫の形而上学』とは違って告訴人（原告）は消えないという。彼は言う、「彼の為に弁論する弁護士も決して内なる原告を沈黙せしめることができないのを彼は発見する」（波多野精一・宮本和吉訳、岩波文庫、142頁）と。

ショーペンハウアーは『道徳の基礎について』において彼の良心学説を展開している。良心といっても多くはまがいものにすぎず、恐怖、不手際、失策、へまから生じている。

自分にはまったくりつぱにおもえる良心がほんとうはなにから成り立っているのかを、たとえば五分の一は人間への恐怖から、五分の一は魔神への畏怖から、五分の一は偏見から、五分の一は虚栄から、そして五分の一は習慣から成り立っているのを知ったならば、驚く人もあるだろう。(ショーペンハウアー、前掲訳書、302頁)

それでは真正な良心とは何か。彼によると良心は行為よりも存在に関わっている。

人間の道徳的責任は、なるほど最初は、そして外見上は、かれが行なうことにかかわるけれども、根底においては、かれがあるところのものにかかわるのである。……というのは……猛反対の行為すら、自分がべつな人間でありさえすれば、実際に起こったであろうことを、だれもはっきり承知しているからである。……ここに、すなわち「存在」に良心の棘がささる場所がある。けだし、良心とは、まさに自分を知っていること、自分の行為のしかたから知るようになって、ますます親密の度をましていく、自分自身との面識にほかならないからである。だから、良心は、「行為」をきっかけにしてはいるが、ほんとうは「存在」を告発するのである(前掲書、282頁、訳を一部変更)。

わたしたちはショペンハウアーが主張しているように、良心がさまざまな風俗習慣、恐怖や偏見を内容としていることを認めなければならないし、行為をきっかけとしながらも、自己の「存在」を告発しているという点も、すでにアウグスティヌスやルターの良心学説において理解されたとおりであるが、それがいっそう明確な真理としてここに語られていることを認めることができる。

## ⑥　ヘーゲルからフロイトへ

ドイツ観念論の代表者ヘーゲルもカントを批判しながら良心論を展開させ、学説史上重要な意義を良心に与えている。カント道徳説に対する彼の批判の一つは、善の理念が抽象的で現実性に欠け、現実社会の具体的分節から遊離しているという点に向けられている。『法の哲学』の良心論はそのようなカント的倫理の問題性と関連しているといえよう。というのはそこでの良心の定義を見るとそのことが知られるからである。ヘーゲルは次のように説いている。

> 真実の良心は、即自かつ対自的（絶対的）に善であるところのものを意志する心がけである。したがって真実の良心はもろもろの確固たる原則をもっており、しかも良心にとってはこれらの原則はそれ自身、客観的なもろもろの規定であり義務である。良心はそれのこうした内容、つまり真理と区別されるなら、ただ意志の活動の形式的な面でしかなく、この意志はこのものとしてどんな独自の内容ももってはいないのである。

（『法の哲学』藤野渉・赤沢正敏訳、『世界の名著35』、341頁）

良心は自分が善であると認めるものに対する絶対的確信であり、語源的にはこの「確信」（Gewissheit）から「良心」（Gewissen）と呼ばれる。したがってそれが自己をいかに神聖視したところで、道徳の主観性を脱しえないかぎり、単なる自己確信にすぎず、普遍的なもの以上に自己自身の特殊性に閉じこもる「恣意」となり、その結果悪しきものとなる。「良心は、形式的な主観性以外のなにものでもないものとしては、まさに悪に急転しようとしているものである」（前掲訳書、345頁）。それゆえ、真の良心は家族、市民社会、国家という人倫組織、つまり具体的人間の社会において実現される。こうしてヘーゲルは良心において主観的道徳から客観的人倫への移行を導きだしている。このような主張そのものは、カントの道徳的良心の批判でもあって、共同社会全体にとって客観的に善であるものを意欲する心情こそ人倫的良心であるとみており、良心が道徳の段階から社会へ移行していく過程がここに説かれている。

ヘーゲルは人倫的良心の根底にはそれを審く宗教的良心があって、二つの良心が分離しがたいことを説いている（『精神哲学 下』船山信一訳、岩波文庫、269頁）。しかし、ヘーゲルの批判者キルケゴールは良心を徹底的に神の前に立つ自己、もしくは神関係そのものとみなし、宗教的良心を力説した。『愛のわざ』で彼は次のように言う。

実際、神が考慮に入ってこないようなところでは、およそいかなる良心の問題も考えられない。つまり、人が良心をもつということは、人が神との関係に立つということなのである。神が存在しないならば、良心上の問題は消失する。個人と神とのあいだの関係、つまり神関係が良心である。そうだからこそ、良心上のきわめて小さい問題ですらも、畏怖すべき問題となる。それは、神との関係によって、ただちに無限の重味をもつことになるのである。

（「愛のわざ」武藤一雄・芦津文夫訳『キルケゴール著作集15』白水社、235頁）

このような良心概念は宗教的に規定されているため、あまりにも狭いとも考えられよう。しかし、憂愁・絶望・不安・罪を主題とするキルケゴールの諸著作とくに『死にいたる病』は良心論の展開として解釈することが可能である（メール・ポール『絶望の形而上学』とくに91―108頁の「良心」の項を参照）。とはいえ彼の強調点は良心をもっぱら神と人との関係として説いたところに見られる。

しかし、フロイトは精神分析学の立場からヘーゲルが説いた人倫的良心を全く新しい観点から解明し、現代の良心論における最も影響力のある優れた学説を確立するにいたった。彼によると人間は長い幼児期をとおして両親に依存して生きているが、この依存性は沈澱物となって自我に対する特別な作用を形成する。それは最初エディプス・コンプレックスを形成するが、超自我によって引き継がれる。この超自我は良心であって、両親・家族・民族・種族の影響がそこに支配的であると彼は主張する。『自我とエス』で次のようにいわれる。

超自我は父の性格を保持するであろう。そしてエディプス・コンプレックスが強ければ強いほど、またその抑圧が加速度的（権威、宗教教育、授業、講義の影響をうけて）に行なわれれば行なわれるほど、のちになって、超自我は良心として、おそらく無意識的罪悪感として自我を厳格に支配するであろう。（「自我とエス」小此木啓吾訳『フロイド選集6』人文書院、281頁）

フロイトは「超自我」を「自我理想」とも呼び、これにより宗教の生成を説明し、次いで良心および罪悪感をも明らかにしようとする。

自我と自我理想とを比較して、おのれの不肖の身を批判することは、憧憬を抱く信者がよりどころにする謙譲な宗教感情をうむ。ひきつづき成長の過程では、教師の権威が父の役割を強力におしすすめた。彼らの命令や禁止は、自我理想につよくのこり、いまも良心として道徳的監視を行なう。良心の要請と自我の行為のあいだの緊張は罪悪感として感じられる。社

会的感情は、共通の自我理想にもとづく他人との同一視の上に立っている。（前掲訳書、283頁）

良心はフロイトが説いているように特定の歴史的社会のコンテキストの刻印を受けていること、また超自我や自我理想により自我が影響を受けていることは認められなければならない。もちろん社会に受け入れられるためには社会的規準への順応が必要であるほどに社会的習俗が良心を支配しているとは必ずしも言えない。しかし、超自我（良心）・自我・エスの心的構造を明らかにしている点でフロイトの功績は大きいといえよう。この三者の関係について次のように説かれている。「エスと超自我とは、いかに基本的な相違を示すものであるといっても、ひとつの一致点を示している。即ちそれは両者共過去の影響を代表しているものであり、エスは遺伝されたものを表わし、上位自我は主として他者から引継いだものを表わしている。しかし、自我は一般に自己自身が体験したもの、すなわち偶然的なもの及び現実的なものによって限定されるのである」（「精神分析学概説」小此木啓吾訳『フロイド選集15』日本教文社所収、310―311頁）。

フロイトの良心学説はその後精神分析学その他の立場から批判的に継承されている。たとえばユング（Carl Gustav Jung, 1875 - 1961）は『心理学的観点から見た良心』という論文でフロイト的習俗慣習の道徳的良心と対立する「倫理的良心」を説き、一般的習俗の規準からではなく、人格の無意識の根底から、「暗い水の深み」から良心の決断が生じていると語っている（G. G. Jung, Das

Gewissen in Psychologischer Sicht, in: Das Gewissen, S. 206.)。またフロムは精神分析学と哲学・倫理とを再び結びつけ、人間の目標は自己自身の実現にあり、人間は自己自身のために存在するという人道主義的良心をフロイト的権威主義的良心から区別している（フロム『人間における自由』谷口・早坂訳173、188頁）。さらにフランクルはその実存分析により、責任を負う応答性の根底に「深層人格」をとらえ、この無意識の深みに良心は向かうと説いている（『識られざる神』佐野・木村訳の良心論を参照）。同じくブーバーも通俗的良心に対し実存的に罪責を担う良心を精神医学の罪責感に対置して解明している（『罪責と罪責感情』、「哲学的人間学」稲葉稔訳、134頁）。

このように考察してわかることは、ヘーゲルからフロイト学派に流れている良心学説が良心を社会習俗の影響下に捉える傾向を共有しており、それぞれの世界観からそれを解釈しているということである。

## ⑦　ニーチェとハイデガー

現代良心論のもう一つの傾向は実存主義からの解釈である。その代表者としてニーチェとハイデガーについて簡単に言及しておこう。ニーチェは『道徳の系譜』の中で良心論を展開させている。彼は善悪の新しい尺度を個別的行為から人間存在において捉えている。このことはショーペンハウアーも力説していたことであった。ニーチェは言う、「〈よい〉という判断は〈よいこと〉

を示される人々の側から生じるのではないのだ！　却って、〈よい〉のは〈よい人間〉自身だった。換言すれば、高貴な人々、強力な人々、高位の人々、高邁な人々が、自分たち自身および自分たちの行為を〈よい〉と感じ、つまり第一級のものと決めて、これをすべての低級なもの、卑賤なもの、卑俗なもの、賤民的なものに対置したのだ」（ニーチェ『道徳の系譜』木場深定訳、岩波文庫、22頁）。こうして高貴な道徳と奴隷道徳を対置し、キリスト教道徳は奴隷的ルサンティマン（怨恨または復讐感情に無力感が伴ったもの）の産物であるという（前掲訳書、36頁以下）。このニーチェのルサンティマン理解がキリスト教の愛の教えに全く妥当しないことについての反論はシェーラーの名著『ルサンティマン――愛憎の現象学と文化病理学』によってなされた。

　さて、彼は「良心のやましさ」を「深い病気」として捉え、人間の動物的本性が社会的刑罰と制裁によって内面化された結果生じたと考えている。

> 国家的体制が古い自由の諸本能から自己を防衛するために築いたあの恐るべき防壁――わけても刑罰がこの防塁の一つだ――は、粗野で自由で漂泊的な人間のあの諸本能にことごとく廻れ右をさせ、それらを人間自身の方へ向かわせた。敵意・残忍、迫害や襲撃や変革や破壊の悦び――これらの本能がすべてその所有者の方へ向きを変えること、これこそ「良心のやましさ」の起源である。（ニーチェ、前掲訳書、99頁　傍点ニーチェ）

自由な本能的人間が社会的にしか生きられないことを知ったとき、刑罰の制裁が原因で自己自身へと方向転換を強制し、内面化を惹き起してやましい良心を造ったといわれる。すなわち外への自然のはけ口が塞がれたので、内攻した自己呵責への意志が良心のやましさである。このやましさは宗教によりその勢位が高められている。

良心のやましさをもつこの人間は、最も戦慄すべき冷酷さと峻厳さとをもって自分を苛虐するために宗教的前提をわが物とした。神に対する負い目、この思想は彼にとって拷問具となる。……ここには病気がある。……地上はすでに余りに長い間精神病院であったのだった。

（前掲訳書、110―111頁）

このような病いはいかにして克服されるのか。彼は「あなたの良心は何を語るのか。あなたの在るところのものに成れと告げる」（F. Nietzsche, Die fröhliche Wissenschaft §27. なおニーチェの良心論全体像についてゾンス『ニーチェの良心論』水野清志訳を参照）と述べ、本来的自己への超越を説き、相対的な社会の諸規定を打破する超人の自由に立つ精神を自己の良心とする知的良心を強調している。

現代の実存哲学の代表者ハイデガーはニーチェの影響の下に独自の良心論を展開している。『存在と時間』の「本来的な存在しうることの現存在にふさわしい証しと決意性」の章において良心の優れた分析がなされている。彼によると良心は何ものかを了解するようにほのめかし、開示する呼び声であり、「語り」の一つのあり方である。

良心の呼び声は、現存在の最も固有な自己存在しうることをめがけて、現存在に呼びかけという性格をもっているが、しかもそれは、最も固有な責めある存在へと呼び開くという仕方においてなのである。(「存在と時間」原祐・渡邊二郎訳、『世界の名著74』、437頁)

この呼びかけ、かつ呼び開く良心の声は、世人の公共性や空談を中断させるべく揺り起こす見知らぬ声であって、沈黙という不気味な語り方で呼びかける。こうして現存在はその本来的自己存在へ向けられるのであるが、現存在はその根源的非性である有限性の責めを負い、行為により罪責ある者になるように良心は命じる。ここに良心のやましさがある。この呼びかけを了解し、良心をもとうとする決意性が日常性を突破する実存的変様をもたらす。

現存在自身のうちでその良心によって証しされているこの際立った本来的な開示性――最も固有な責めある存在をめがけて、黙秘したまま不安への用意をととのえて、おのれを企投すること――これをわれわれは決意性と名づける。（前掲訳書、475頁）

この決意性によりわたしたちが現実世界を運命として引き受け、他者との共同生活の中へ自己を投入し、他者の良心となる。これこそ現存在の「現」の状況であり、それは状況を決定する決意性によって存在する。

ヤスパースも同様の良心論を述べ、「良心のうちにわたし自身であるところの声がわたしに語りかける」（『実存開明』（哲学Ⅱ）草薙正夫・信太正三訳、創文社、303頁）、また「決意とは明澄《めいちょう》な判別する思惟によって良心へ答えることである」（前掲訳書、305頁）との実存的良心を社会的習俗により拘束されたあり方に対決させて強調している。

ハイデガーおよびヤスパースにより代表される実存主義的良心論の特徴は、社会的公共性や習俗の領域における良心を退けて、本来的自己存在である実存に向けて超越させる呼び声とみなす**実存的良心**を説いている点に求められる。良心はわたし自身のわたしへの呼びかけである。それはわたしたちが人間として本来もっている人間性の理念への召命、つまりわたしたちが現在の状態を超え出た者であれという召命の声である。したがって良心は道徳的当為の意識でも、神の声でもなく、良心の命令は「あれ」という存在への召喚であり、前にニーチェが述べていた「あなたの在るところのものに成れ」というピンダロスの箴言に示されている事態である。ハイデガーの決意性としての良心理解には「被投的な企投」というニーチェの運命愛を表わす哲学的表現が見られる。

これまでの学説史的考察によって明らかになった点は次のように要約できるであろう。

①良心は各々の思想家によって解釈されていて、良心概念の多様性は思想家の人間学の相違に由来している（H. Thielicke, Theologische Ethik, I, S. 497 f.）。

②しかしこのような多様性の中でも統一性はいくつか認められる。最も大きな統一性は良心が何らかの法、あるいは存在の前での自己意識であるということに求められる。そして法や存在は現実のわたしよりも高い理想として審判する良心を惹き起こしている。

③この良心はより高い理想によって審判されるだけでなく、審判をとおし理想へ向かって超越する運動を伴っている。

④良心が法や存在をどこで把握するかは、思想家により多様であるにしても、第一章で説いた三段階（社会・倫理・宗教）のいずれか一つに立つか、またはそれを強調するかしている。

⑤したがって相互に全く相違していると思われる良心学説も三段階の発展のいずれかの過程

において再解釈することは可能であるといえよう。

⑥しかし近代の主体性を反映している良心の自律はやがて主体性の絶対視により無神論的傾向を強く帯びるものとなり、良心の神的根拠を否定するのみならず、良心自身の廃絶にまで達している。このことはやましい良心と密接に関係する「悔恨」をどのように近代哲学がとらえているかによっていっそう明らかになる。

次にこの問題をとりあげて論じてみよう。

## (2)「悔恨」（Reue）概念の解釈上の対立

良心概念は多義性をもっていることが学説史（前節）により明らかになったが、良心に近接する「悔恨《かいこん》」概念になると全く相対立する解釈が過去においても現代においても提起されていて、正しい解釈が最もきびしく要求されている。

「悔恨」はキリスト教中世においては「悔い改め」（poenitentia）のサクラメント（聖礼典）として広く実施されていた。このサクラメントの体系は罪を犯した者に求められた「痛悔《つうかい》」(contritio)・「告白」（confessio）・「償罪」（satisfactio）から成り、最後の償罪の中に「免罪」が証書としてお金と引換えに発行されており、これに対する批判が宗教改革の引き金ともなった。ルターはエラスムスの解釈に基づいて「悔改め」を「心の転換」（メタノイア）として把握し、個別的行為よりも人間存在全体にかかわるものと解釈した（金子晴勇『宗教改革の精神』76–79頁参照）。こうして悔改めについての解釈の対立がカトリックとプロテスタントの分裂を生んだといっても決して言い過ぎではない。

次にわたしたちはカント以来「悔恨」がどのように把握されているかを反省し、今日の良心理解の対立状況を明らかにしてみよう。

### ① カント

『実践理性批判』の中でカントは悔恨（後悔）が無意味であると考えられている点を批判している。人間は自由の主体であり、現象的人間として悪をなさざるを得ないとしても、感性に依存しない叡知的な自己の存在してしまうことを良心によって説明している。良心は内なる法廷における原告として違法行為や悪習慣による悪行を非難し、自責の念をおこす。このことを想起するのが後悔である。

この自責と非難とは、ずっと前に犯した行為に関してそれを追想するごとに起こる後悔の根拠でもある。後悔は道徳的心術によって生じた苦痛の感情であって、これはすでに生じたことを生ぜしめないようにするに役立ちえない点において、実践的には空虚であるばかりでなく、不合理であるかも知れない。……しかしながら後悔は苦痛としてはまったく正当である。なんとなれば、われわれの可想的存在の法則（道徳的法則）が問題となる時、理性は時間的区別をまったく承認せず、ただ出来事が行為としてわたしに属するかどうかを問い、また出来事が今起こったか、あるいは長い以前に起こったかに関わらず、同一の感情道徳的にこれと結合するからである（『実践理性批判』波多野精一・宮本和吉訳、岩波文庫、142―143頁）。

カントは悔恨の二義性をこのように述べている。一面ではそれが空虚で不合理でありながら、他面では倫理的に正当であり、良心の明白な事実である。とくに理性は道徳法則に照らして主体的責任を問うているから、悔恨が明らかに生じている。このような二義性の考えが今日ではサルトルとシェーラーとの間で激しい対立にまで発展してきている。それに至る前にキルケゴールの理解を扱ってみよう。

### ② キルケゴール

悔恨は倫理的に正当な良心現象でありながら、自律する主体がそこで挫折していることを捉え、その経験によって道徳法則という倫理的一般者よりもいっそう高次の超越的永遠者への道を探求しているのが、ほかでもないキルケゴールである。良心概念が哲学的解釈を受けていることは、良心が過去に生じたことがらの「修復不可能性」のゆえに生起する「悔恨」の現象で明白になっている。彼がはじめて悔恨を罪の意識として追求している。彼はカントに従って悔いを最高の倫理的表現であるとみなすのであるが、同時にそれが自律的倫理学の崩壊をもたらすと主張する。すべての人に妥当する善悪の普遍的規定で成立する倫理学が悔いという個別的実存のわざにより没落することが『おそれとおののき』では次のように語られている。

罪があらわれるやいなや、倫理学は、ほかならぬ悔いにぶつかって没落してしまう。なぜならば、悔いは最高の倫理的表現であるが、しかしそれだからこそ、もっとも深い倫理的な自己矛盾でもあるからである。

（「おそれとおののき」桝田啓三郎訳、『キルケゴール著作集5』白水社、163頁の注1）

確かに悔恨によって主体の責任が問われているのであるから、普遍的倫理は個人のもとで挫折し、個人は自らの力によって自律的に立つことができなくなっている。キルケゴールはこの否定的事態のもつ弁証法をとらえ、このことによって個人は絶対者と関わってはじめて普遍への復帰が可能であると説いた。

個別者が自己の責めによって普遍的なものの外に出てしまった場合には、個別者は、個別者として絶対的なものとの絶対的な関係にはいることによってしか、普遍的なものへ帰っていくことはできないのである。（前掲訳書、162頁）

悔恨のもつ弁証法についてキルケゴールは『哲学的断片への結びの学問外れな後書《あとがき》』で説明している。彼によると宗教は罪の意識のような否定的なものを罪の赦しの意識への決定的因子としてもち、「肯定的なものは常に否定的なものの内にあって、否定的なものはその徴標《ちょうひょう》である」（『哲学的断片への結びの学問外れな後書』下巻、大谷長訳、288頁）という。したがって悔恨という否定性が単に「4シリングの免罪」で解決されると、悔恨は滑稽になってしまう。しかし倫理から宗教への移行においてはそれは有意義なものとなりうる。

もし誰かが、悔いは矛盾だ、それゆえそれは滑稽だと言おうとするなら、人は直ちにそれがナンセンスだという事を見るだろう。悔いは倫理的宗教的象面《ママ》に存する。それ故悔いは、唯一つの一層高いもの、即ち最も厳密な意味での宗教的なもののみを持つという風に規定されているのである。（前掲訳書、275頁）

悔いの中にふくまれている倫理から宗教へと超越する契機を近代哲学は知っていない。しかし、キルケゴールによると否定的なものを根源的に体験している人は同時にその反対の肯定的なものを理想性の力によって知っているはずである（理想性の力について「現代の批判」桝田啓三郎訳、『世界の名著40』、410頁参照）。しかし、近代哲学ではこのような意味をもつ悔恨を不必要なもの、錯覚や疾病に還元される精神の不調和としか考えない。ショーペンハウアーは「自分がしたことに感じる後悔や不安は、結局のところ、そのためにわが身にふりかかるかもしれないことにたいする恐怖以外のなにものでもない」（ショーペンハウアー、前掲書、301頁）という。世間では確かに取り戻しがたい過去を「悔やんでもしようがない」、あるいは、「くよくよするな」といってできるだけ忘れるように勧めている。

### ③ シェーラー

シェーラーは『人間における永遠なるもの』所収の「悔恨と再生」という論文の中で、悔恨と良心の罪責との関連について優れた分析を行なっている。良心が罪責により悔恨を生じさせる現象の中に聖なる裁き人がその姿を示している。「この良心活動はちょうど言葉とはいえないような自然のままの言葉であるように思われ、この言葉を神は心をこめて語りたもう」（『人間におけ

る永遠なるもの 上』小倉貞秀訳、「シェーラー著作集6」白水社、43頁)。この悔恨において何らかのかたちで神の声を感じとる人は過去の罪責を断ち切り、自己を再生するにいたる。「悔恨は道徳的世界の強力な自己再生力であって、道徳的世界の不断の死滅を阻むものである」(前掲訳書、77頁)。そのさい、自己の過去の罪責を事実ありのままに見て悔むことのない人は、罪責の力に屈服し、過去の生命のない腕にすがり崩れてしまう。そこには悔恨の大きな逆説があるとシェーラーは次のように言う。

悔恨は目に涙を浮かべて過去を振り返ってみるのであるが、しかし道徳的死滅からの更新・解放を求めて将来を志して喜ばしく力強く努力するということは、悔恨の大きなパラドックスである。……さて、「新しい決意」という設計図をすでにその当初から心に懐かないような悔恨は存在しない。悔恨は創造するためにのみ抑制作用をし、構成するためにのみ破壊作用をする。それどころか悔恨がなおも破壊作用をすると思われる場合にはすでにこっそりと構築しているのである。かくて悔恨とは、福音書が「古きアダム」からの新しい人間の「再生」を「新しい決意」の引き受けと名づけたような驚くべき経過における強力な実行力である。(前掲訳書、77―79頁)

イエスが説いた「悔改め」にはこのような新生が含意されていた。そのイエスの周りには罪を深く悲しみ苦悩する人たちがいたのであった。自分の傷を浅く癒す者には罪の根が断ち切れていないので悔恨は再びその者を飲みつくしてしまう。しかし、どんなに後悔しても新生の経験に達しない場合もあろう。たとえば漱石の『こころ』の主人公のように、告白に失敗し、償いも不十分で、自殺に追い込まれることもあろう。

次に無神論的実存主義者サルトルの悔恨についての解釈をとりあげてみよう。

## ④ サルトル

サルトルは戯曲『地』の中で、ブンブンうなりながらたかってくるエリュニスの復讐の霊を「後悔の女神」と解釈し、ギリシア悲劇に新しい思想をふき込んでいる。オレストに対しジュピテルは和解のため「ほんの少しの悔恨」を要求する。オレストはこれを拒絶し、「暗殺者の中で最も卑劣な奴は、それは後悔する奴だ」(「蝿」『サルトル全集8』伊吹武彦、芥川比呂志、加藤道夫訳、人文書院、77頁)と語る。なぜかというと、悔いは人間を不自由にし、神々への隷属に至らせるからである。

悔恨を否定することは同時に良心の否定にもつらなり、善悪の彼岸に生きんとするニヒリズムに陥らざるを得ないであろう。無神論的実存主義者サルトルは神が人間の自由のため障害になると考えている。

このような思想とシェーラーのそれとを比較すると、両者とも後悔において良心が現象していることを認めてはいても、後悔に対して正反対の解釈を行なっていることが明らかになる。そこには人間が神の力によって過去の罪責を断ち切って自由を得るという宗教的な解釈と、神は人間の自由のためには積極的に否定すべきであるという無神論的解釈が良心に向けられていることが判明する。宗教についての世界観的対立が悔恨および良心の解釈の激しい対立をここにひきだしているのである。

## ⑤ ドストエフスキー

ドストエフスキーも悔恨についての優れた解釈者といえよう。一例として『悪霊』の主人公スタヴローギンの「告白」を問題としてみたい。彼は自分の過去の罪を悔い、告白し、償うべく試みても、自分の「告白」が同じ罪を犯している他者の「告発」となってしまう。それは悔恨にはちがいないが、非キリスト教的なものになっている。スタヴローギンの告白についてドストエフスキー自身は次のように説明している。

この文書の基本思想は――罰を受けたいという恐ろしいばかりの、いつわらぬ心の欲求であり、十字架を負い、万人の眼前で罰を受けたいという欲求なのである。しかもこの十字架が生まれたのが、ほかでもない十字架を信じない人間のうちにであったこと。……まさしく病人はベッドの中をもがきまわって、一つの苦痛を他の苦痛に置き換えようとしたのであり、社会を相手とする闘いが彼にとって最も楽な姿勢のように思われたがゆえに、彼は社会に対して挑戦状を叩きつけたのである。(『悪霊』江川卓訳、新潮文庫下、546―547頁)

この告白を読んだチホン僧正は、「さよう、これは悔恨であり、あなたを打ちひじいた自然な心の要求なのです」と認めながらも、「なぜ悔恨を恥じられるのですか」とスタヴローギンに問い質《ただ》している。ここには自己の告白が他者の告発となる悔恨とは全く異質な神の前での悔恨が求められている。「あなたはご自分の心理にいわばうっとりされて、実際にはあなたのうちに存在しない非情さで読む者を驚かせようとしておられる。これをしも、罪人の裁き手に対する傲慢な挑戦と呼ばずしてなんと呼びましょう」とチホンは語っている。こういう挑戦と自己主張が根絶されないかぎり、真の悔恨とはいえない。悔恨により罪の赦しを得るためにはまず他者を赦さなければならない。愛と赦しの生命の中にあってはじめて、悔恨は新生をもたらすのである。

悔恨が再生をもたらす場合、そのような力は、悔恨自体のうちにあるのではなく、悔恨において働く、良心に語りかけてくる愛と赦しの生命なのである。だから「悔い改め」を迫ったイエスは、それに先立って、神の愛と生命とが支配する「神の国は近づいた」という使信を語っているのである。エックハルト（Meister Eckhart, ca. 1260 - 1327）はこの種の悔恨を「神的悔恨」と呼び、絶望と苦悩の中に止まったきり動かない「感性的悔恨」から区別している（『神の慰めの書』相原信作訳、講談社学術文庫、52–53頁）。悔恨は良心により感得されるものであって、良心と同じく激しい対立的解釈を生みだしている。

# 第7章　ルターとドストエフスキーの良心概念

## ——比較考察の試み

## はじめに

神の前に立つ自己は、すでに序論で指摘したように、ルターの著作ではとくに「良心」概念によって考察される。ルターのもとでは神に対する人間の存在は、主としてこの「良心」概念によって解明される。それは聖書が説く霊的な人間を意味しており、良心概念によって三段階の発展の相によって考察される。こうして展開する彼の良心思想をよりよく理解するために、ここではとりわけロシアの文豪ドストエフスキーと比較して論じていきたい。それによって良心概念の重要さがいっそう明らかになるであろう。

### (1) ルターとドストエフスキーの共通点

ルターのどの著作を読んでみてもただちに感じることは、神の前に人間が罪を自覚し、苦悩し傷める心が信仰によって神に義とされ、慰められるという彼の根本的主張が、くり返し語られていることである。この神の前での自己認識こそ「良心」にほかならず、たいていの場合は自己の罪を認めて苦しむ「やましい良心」として描かれている。信仰の偉大な英雄として称賛されるルターは、実は、自己の罪に悩み苦しむ「良心の人」であった。たとえばヴォルムスの国会で答えた有名なことば「わたしはここに立っています。わたしはほかにすることができません」は、自分が逃げ隠れしないで責任をとることを表明しているが、自分の著書を取り消すよう迫られた彼は、「わたしの良心は神の言葉に縛られているのです。わたしは取り消すことができないし、またそうしようとも思いません。なぜなら自分の良心に反して行動することは危険であるし、正しくないからです。神よ、わたしを助け給え。アーメン」（WA. 7, 838, 3ff.）と語って、事柄はまさに良心問題であることをはっきり言明している。事実、彼は傷つき苦悩する良心の地獄を通って福音の真理を発見した。だから救済の出来事は良心において生じるものと考えられ、彼の著作の隅々までこの良心概念が用いられることになったのである。そこでだれしもエーベリング（Gerhard Ebeling, 1912 - 2001）のいう「ほとんど例を見ないほどすべての表現が良心に集中している著しい事実」（G. Ebeling, Luther. Einfuerung in sein Denken, S. 198）を認めないわけにはいかない。旧約聖書は良心の経験を述べていても、良心の概念を欠き、新約聖書では良心は主として倫理的な意義で用いられ、直接、宗教的意義をもっていない。だが、今やルターのもとで良心概念は**神学思想の中心**に据えられるようになった。

ルターの後にも良心概念は多くの思想家によって採用され、その思想を語るとき用いられてきた。現代の思想家でルターと同様に良心概念を中心にしている著しい例はドストエフスキーであると言うことができる。彼の処女作『貧しき人びと』から最終作の『カラマーゾフの兄弟』に至る中編よりも規模の大きい偉大な作品群を読み通してみてわかったことは、彼の手によってすぐれた良心の現象学的な叙述にいたるところで出会うのみならず、この概念の意味内容においても、ルターに近似していることが認められる。たとえば『罪と罰』という表題、および晩年の著作『カラマーゾフの兄弟』の主題となった「偉大なる罪人の生涯」を考えてみても、罪とその救いが思想の中心的位置に立っていることがわかるし、これとの関連で良心概念が使用されるようになった。

しかし、ルターとドストエフスキー両者の良心についての理解がよく似ていても、一方は神学者であり、他方は創作家であるから、叙述の方法がまったく相違する。さらに両者の時代的、思想的な置かれている環境や立場の差も大きい。現代は無神論とニヒリズムの時代であるが、宗教改革の時代は宗教的生命にあふれた時代であった。時代の精神状況はこのように相違していても人間的な現実存在に関しては深淵的な思想家ではそれは追求する問題では昔も今も変わりなく、罪とその救いを良心によって表現しようとする点では、両者は一致しているといえよう。良心の呵責という現象は人間的な生の事実であって、人間としてのもっともリアルな現実である。この現実をルターはキリスト教神学の諸概念をもって語っているのに対し、ドストエフスキーは日常生活の具体的様相のもとに表現している。わたしはここに両者に共通すると思われる点を指摘しながら、ルターの良心概念の意義を明らかにしてみたい。

## (2) 魂の深淵としての超道徳的な良心

良心は人間の心理学的事実を超えた現象で、自己を超えた他者と関連し、この他者が具体的人間であったり、また神であったりする。ルターは修道院に入る以前に神の怒りと死の恐怖を体験し、これから逃れようとして修道の誓願を立てたが、このひとたび誓った言葉に彼の良心はしばしばられ、難行苦行をみずからに課しても、良心の不安は去らず、危機に直面する。しかし、彼は同時に他の人々も修道院のなかで同じような良心の呵責に悩み苦しめられているのをつぶさに経験し、良心のやましさが単なる自分だけの心の状態にとどまらないで、人間としてのリアルな現実であることを自他において認めている。彼は『ガラテヤ書講解』(1531年)で次のように当時を回顧して証言する。

わたしはわたし自身において、また他の人々を見て〔修道院で〕体験したのである。つまりやましくない良心をもつ最善の人々が、あたかも鉄の身体をもっているかのように、断食し、粗い毛機物の衣服をまとってみずからを責め苦しめ、いっそう不安にかられているのをわたしは見た。確かに、彼らほど恐怖におののく人たちをわたしは見たことがない。……なぜならわたしが良心を静めようと欲すれば欲するほど、わたしはそれと反対のことをなすからである。（WA. 40 II,14, 9ff.）

このような修道生活の途上で経験した良心の危機は福音的でない人間的伝統と教義に良心が拘束されていたことから生じているといえよう。福音的でない教義は律法主義もしくは道徳主義に立っている。この律法主義では良心の苦悩がおさまらず、ますます絶望的になってゆかざるをえない。かくて福音的神の義の発見が良心に真の平和をもたらしたのである。ドストエフスキーの場合はこの福音的でない教義のかわりに無神論的人神の立場が登場し、「神が存在しなければ、すべては許される」という無律法主義により社会的習俗や通念、したがって「やましい良心」をも超えた超人の思想が前面にあらわれてくる。この無神論は一つの深淵であり、パスカルのいう「神なき人間の悲惨」を示している。ドストエフスキーはかかる人間の心の深淵を窮めんとしたリアリストであった。彼は創作生活の最後に当たって自己の課題を明白に語り、次のようにいう。

「完全なリアリズムをもって人間の内なる人間を見出すこと。……わたしは心理学者だといわれる、が間違っている。わたしは要するに最高の意味のリアリスト、つまり人間の魂のあらゆる深淵を描くのである」（バフチン『ドストエフスキイ論』冬樹社、90頁からの引用）と。

彼は人間の心の深みを単に自己のうちに内省してみる主観的モノローグによる観察、もしくは彼のいう心理学者ではなく、人間の真実な姿を他者において見、これにかかわるリアリストである。この深淵は良心の概念により描かれている場合が多く、その際、『虐げられた人々』のワルコフスキー公爵のように「良心の叱責を感じたことが一度もない」といい切る悪漢を登場させたり、また反対に、たとえ卑劣な人間であっても良心の呵責ゆえに自殺したり発狂したりする人物を描いたり、さらに良心の苦難を通って新生する人間の姿を追求したりしている。

ルターとドストエフスキーは良心を社会的規範の下に立つ道徳や律法を超えたもの、つまり超道徳的なものとして捉え、またそれゆえに人間的領域を超えた永遠者なる神の前に立つ実存へと導くものとして理解しているといえる。このことによって明らかなことは、良心はたんに理性の命法の声ではなく、具体的他者につながる自己意識であって、内面的であっても、つねに自己を超えて他者にかかわっているものであるという事実である。

## (3) 良心の三つの形態

良心の現象はこの超道徳的領域のみで理解されるべきものであろうか。ルターとドストエフスキーは良心の超道徳的領域のみならず、社会的習俗の領域と倫理的領域とを認め、ここに見られる公共的で理性的なる良心現象を破壊したり無視したりしない。超道徳的良心は道徳や倫理を再建するものであるとルターは考え、ドストエフスキーは無神論的人神の思想が超道徳的に生きんとすることにより道徳や倫理を踏みにじり、いかに非人間的なものとなり、その結果破滅せざるをえないかを叙述する。それゆえドストエフスキーでは否定的な叙述は正反対の立場をかえって明らかにしているとみるべきである。

良心は一般的にいって三つの領域で問題になる。

①第一は社会的習俗の領域であって、社会的風習、因襲、言い伝え、伝統、掟という規定に良心は服している。良心は社会心理学で「一般化された他者」と解されている規範に従っている。他者の目、たとえば両親・友人・教師・上役などの目が自分に向けられていると、これに対しその期待に背いたり、あるいは社会の規範に反したりすると良心の呵責が生じる。恥の意識もかかるやましい良心の形態であるといえよう。

②第二の領域は一般的法を超えた道徳的意識の反照《はんしょう》として良心は現れ、理性的道徳の命法に従うべく良心は警告されたり、また道徳を犯した場合には審判されると感じる。これは倫理的良心である。

③第三の領域は理性よりもいっそう深い自己にかかわるレベルであって、人間が現に在る日常的に堕落した状態をたえず超越して真の自己たる実存に達すべしと促す内心の責として良心が

理解される場合であって、倫理の領域を超えた自己の存在にかかわる領域である。

ルターとドストエフスキーは良心の三つの形態を知っている。かつこれら三者はより高い、もしくはより深い層にまで発展してゆく傾向を示している。この点をもう少し説明してみよう。

ルターは『良心を教導するための三様の善き生活についての説教』（1521年）で旧約聖書の幕屋の比喩を用いて良心のこの三形態を分類している。イスラエルの宗教儀式がとり行われた幕屋は三つの領域に分けられていた。前庭・聖所・至聖所から幕屋はできていた。この三領域は三つの善き生活を示すという。つまり外的社会生活・心霊的倫理生活・聖霊の下なる生活がそれてある。
①「幕屋の前庭」に集まる良心の姿は外的な事物や宗教的儀礼の規定に縛られている外的人間を指す。これは当時のローマ・カトリック的敬虔な生活をいう。ルターはかかる人間を「前庭的聖徒」と呼んでいる。こういう人は人格的交わりに入ることができず、様々な外面的規定を守るだけで、平然たるやましくない良心をもち、まことに厚顔である。ところでかかる人は外的な規定に少しでも違反すると、たちまち良心の呵責に陥ってしまう。彼はどうでもよい社会的とりきめを厳格な良心問題とみなしながら、倫理的、人格的に見て、いっそう重大な事柄を見過ごし、とらわれることなく平然としている。ルターはかかる良心を「愚かで転倒した良心」と呼んでいる。
②「幕屋の聖所」は教会を指し、真実・愛・貞潔・柔和・謙虚などの倫理的徳行が問われ、同

時にその反対である高慢・貪欲・不貞潔・怒り・憎悪などに対する戦いが求められる。教会は「正しい良心」を勧め、天上に至る道、つまり「敬虔と浄福への正しい道」にほかならない。しかし、ルターはかかる有徳な行為の基底にある良心を問題にし、功績を求める悪しき意図と敬虔を装う奴隷的根性からかかる徳行がそれに由来していないかどうかを問うて、良心が罪に染まっている現実を指摘する。

③「幕屋の至聖所」を神は罪に染まった良心を贖い赦すために建てたもうた。ただ信仰により聖霊の助けを受けることによってのみ、良心はこの至聖所に入りゆき、真の自由を授けられる。

幕屋の比喩による良心の三形態は先に述べた良心の三つの領域と一致している。さて、ルターにとってこの三形態は同時に彼自身の精神的発展の道を形成している点に注意しなければならない。当時の教会の外的規定はルターにとって無縁ではあったにしても、彼は父の命令に反抗して修道院に入ったことは、父母を敬うべしとの戒め、つまり社会的掟を破ったことであり、彼はこれにより苦しんだ。修道院での生活はキリスト教的有徳な生活を目ざしていて倫理的善を追求するものであった。しかし、彼の良心はこれによって平安を得ず、彼は聖所の奥深く入りゆき、ついに神の義についての新しい認識に達し、良心の真の自由を得るにいたった。このような良心の発展を彼は知りぬいていて、「天上への道は不可分的点の線であり、良心の道である」（WA40, 1, 21, 12）と述べている。良心がたどる三形態もしくは三つの領域は天上に向かう方向をとっている。

他方、ドストエフスキーも良心の三つの形態もしくは三つの領域をさまざまな作品のなかで述べている。その著しい例についてだけ触れておこう。

①社会的習俗の領域における良心について『カラマーゾフの兄弟』のイワンは悪魔によって次のように語らせている。

僕をからかいやがるんだよ。それがね、巧妙なんだ、じつに巧妙なんだ。〈良心！　良心てなんだと思う。僕が自分でつくりだしたものじゃないか。なぜ僕が苦しんでいるかといえば、習慣のせいなんだ、七千年にわたる全人類の習慣のせいだよ。だからその習慣を脱して、神になろうじゃないか〉――なんてことをあいつは言うんだよ」（北垣信行訳以下同じ）。

イワンは父親殺しに荷担し、良心の呵責に陥っている。イワンの悪魔は良心なんてものは社会的習慣の産物にすぎない、だから良心のやましさを超えて、社会的諸規範を打破する超人の自由、つまり神になろうと説いている。この点で『道徳の系譜』におけるニーチェの良心論と一致している。良心の社会的形態はいずれにせよ認められている。かかる良心を権力によって支配する力への意志の問題は、劇詩「大審問官」において展開している。大審問官はキリストが良心を力により支配するのではなく、かえってこれを自由にした点を非難する。ここに良心が社会的習俗の領域をこえていっそう深い次元に立っていることが示されている。この宗教的で実存的次元は社会的習俗の立場から見れば不可解なものである。彼は次のように述べてキリストを非難する。

人間にとって良心の自由ほど魅惑的なものはないが、これほど苦しいものもないのだ。ところがお前は人間の良心を永久に安らかにするための確固たる基盤を与えるかわりに——あるかぎり非凡なもの、謎めいたもの、不明瞭なものを選び、あるかぎりの、人間の力にあわないものを選んだ、そしてそのためお前の行動はまるで彼らをまったく愛していないのとおなじようなものになってしまった。——しかもそれをしたのがだれかといえば、彼らのために自分の命を投げだしに来た人だったのだ。

人間の良心には社会的規範が余りに入り込んでいて、その深みが理解できないものになっている。ドストエフスキーはこの点を見ぬいているといえよう。

②良心の第二の領域は倫理的道徳の次元である。『罪と罰』のラスコーリニコフは老婆殺しの罪責に苦しめられているのであるが、ドストエフスキーの描く人間は単純な人間ではない。ラスコーリニコフもまた卑劣な人間であって、犯罪をかくし、社会的正義や福祉のためなら法を犯し血を流して、世の掟を踏み超えることは許されているという誇らしい信念をもっている。だから、

「道徳的感情」としての良心をもっていないように思われやすい。彼の妹はいう、「じゃ、良心の呵責はどうなんですの。あなたは、そうするとつまり、兄には道徳的感情なんて一切ないと見ていらっしゃるんですの」と。ラスコーリニコフの道徳的良心は、人類の福祉のためなら個人は犠牲になってもかまわないという「理性の策略」（ヘーゲル）に立っているため、罪を罪として認めることができず、合理的な判断によって単なる失敗にすぎないのだとみなす。これはシベリヤの徒刑《とけい》生活においても変わらない。次のように彼は語っている。

ああ、彼は自分で自分は罪人であると認めることができたら、どんなに幸福だったろう。そうだったら彼は羞恥の気持ちであれ、屈辱であれなんでも忍べたにちがいない。ところが、彼は厳重に自己批判してみても、残酷な良心に照らしてみても、自分の過去になんら特別恐ろしい罪など発見できず、発見できたのはだれにでもありがちな失敗だけだったのである。」

道徳的良心の欺瞞はこのようである。罪を罪として認めることが可能になるためには、良心がさらに深い次元にまで達していなければならない。真の悔い改めはソーニアの愛のなかで彼に起こっている。そこには良心の宗教的な領域が認められている。

③宗教の領域は永遠者の前に、**神の前に立つ良心**によって示される。そこには人間の目には隠

しおおせても、けっして見過ごすことなき、人間の心と腎を見通す神の前に立つ自己の意識として良心が考えられている。『カラマーゾフの兄弟』のイワンとスメルジャコーフの対話はそのよき事例である。


「じつはな、お前が夢のような気がしてまぼろしのお前が僕の目の前に坐っているような気がして、それが恐いんだよ」と彼〔イワン〕はつぶやいた。

「ここにはまぼろしなんかいませんよ、われわれふたりしか、これにもうひとりだれかいますけれどどれ。ここに疑いなく今そのひとが、第三の者がいますよ、われわれふたりきりでいたのに」

「それはだれだ。だれがいるんだ。第三の者ってだれだ」とイワンはびっくりして言いながら、あたりを見まわして、急いで隅々をくまなく目でさがした。

「その第三の者っていうのは神さまですよ、それはほかならぬ神です。神がいまここに、われわれのそばにいるんです。だけど探したってだめですよ。見つかりゃしませんから」。


二人の無神論者がなかば狂いながら人と人との間にあって心の奥深く隠された事実を裁く第三者としての神を証言している。罪を神の前に告白し、新生することなしには良心の呵責はおさまらない。しかし無神論的人神の立場はこの真の悔い改めにいたることなく、自殺するか発狂するかしてしまう。このような悲惨な有様をドストエフスキーは描くことによって人間の本来あるべき姿を間接的に伝えているのである。

## (4) 良心における神と悪魔との対決

ルターとドストエフスキーの良心概念に共通する第三の特徴として考えられる点は、良心において神と悪魔がその支配を確立しようとして戦っているという実存的な自己理解である。両者ともに神とならんでこれに反逆する力を問題にしている。つまりサタンは人間の心のもっとも繊細にして感受性に富んでいるところ、すなわち良心を攻撃し、そこに支配権を確立しようとしている。ルターにとって良心は人間学的にいって語りかけられる言葉を鋭敏に感受するきわめて繊細なもの、他者の言葉を聴き入れ受容して自己変革を起こすものである。ところで神は律法と福音によって良心に語りかけている。もし良心が律法の声のみを聴くならば絶望し破滅するであろう。つまリ、もし聖霊がいまして良心の呻きをみずから負って福音を伝えないならば、良心は死滅せざるを得ない。聖霊は律法をも霊的に作用させ福音に導くが、サタンは律法を文字として立て、良心に激しく迫り、掟を法外に大きくして絶望へと駆りたてる。

ドストエフスキーの『悪霊』はその主人公スタヴローギンを中心にして西欧の無神論的革命思想という悪しき観念にとりつかれた人々が滅亡していく有様を描いている。しかし悪霊とはたんなる悪しき観念を意味しない。「スタヴローギンの告白」を読んでみればわかるように彼が見る幻覚と悪霊は少女を凌辱したことに対する罪責意識として現れている。これは「良心の呵責、悔恨」と呼ばれるものであって、この悪魔的良心の痛みから彼は逃れようとして「告白」を書く。しかしこの告白はキリスト教的悔い改めとは全く異質なもので、彼と同じ罪を犯しながら、良心の平穏さを保っている人々に対する挑戦となっている。彼は友人により「良心を責めさいなみたい情熱」をもてといわれているように、心のやさしい良心的人間である。しかるに彼は、無神論者でかつニヒリストとして善悪の感覚を失い、ただ情欲の刺激によって卑劣にも生きぬこうとする。だが、良心の呵責が彼を苦しめ、真の悔い改めにいたらないで自殺する。

ルターとドストエフスキーの良心概念は神と悪魔の間に立つ実存を意味している。彼らは良心概念によって人間が自己を超えた力とかかわりながら生と死に導かれている姿をとらえているといえよう。

ここで指摘された良心の3段階をヨーロッパの哲学思想や宗教思想から、さらに社会思想や文学作品の物語を通して詳細にこれから考察するように努めたい。

# 付論　バニヤン『溢れる恩恵』の物語

バニヤン（John Bunyan, 1628 - 1688）は鋳掛け屋トマス・バニヤン・ジュニアの長男としてイングランドの中部にあるミドランドのベッドフォードの近郊で生まれた。１６５０年代のはじめに、バニヤンは軍務を去り、鋳掛け屋の仕事に戻った。自伝『罪人のかしらに溢れる恩恵』によると、この頃精神的危機がすでに始まっており、彼はそのさ中にベッドフォードの分離派と出会い、その指導を受けて彼は精神的危機を克服しようとした。その頃近隣地域で説教を始めたところ、その説教が思わぬ反響を呼んだ。そこでこの説教を著作として発表するようになった。それはバニヤンが証言しているように、自分の体験に根ざした説教として語られたものであった。

彼は『福音の真理の展開』（１６５６年）および『福音の真理の擁護の展開』（１６５７年）を書いた。さらに彼は説教から着想を得て、『地獄からのわずかな嘆息、すなわち、堕落した魂のうめき』を出版した。１６５９年には初期の神学的力作『律法と恩恵の教義の展開』が出版された。

そこでバニヤンは初期の神学的著作『律法と恩恵』で霊の姉妹概念「良心」のことを次のように語って、良心の覚醒を読者の心の内に喚起しようとする。

何よりも第一に、たしかに神に栄光を帰すべきであり、あなたの確信に身をゆだねるべきであり、性急にその確信をあなたの良心から取り去ろうとしてはならない。かえって、その確信を働かせて、あなたが、信仰、希望、神およびキリストを知る知識、さらに恵みの契約のようなあらゆる恵みが生来あなた自身に欠けていることを悟って、大急ぎでイエス・キリストの許に飛翔しなさい。(The Epistle to the Reader, op. cit. p. 16-17)

このような良心を覚醒しようと彼は努め、何よりも良心が無分別となり、無感覚となることに警告を発する。なぜなら人間の心は神の前に立つとき、良心の意識に目覚め、霊性の自覚にまで達するからである。この霊性を彼は「霊」(spirit) として語り、信仰の確信が生まれる働きと見て、次のように「心」、「霊」、「良心」が同義語として用いて、良心を明瞭に「罪の自覚」とも言い換えた。

もしあなたが救いに導くためにあなたの魂に注がれるキリストの価高い血潮を受けることがないならば、あなたはその確信を確かに無駄にし、その後、神の言葉が説かれ、あるいは読まれるのを聞く時が近づいても、あなたの心が頑なになっていることをはっきり示す結果になる。自分たちの霊に最初に与えられたそれらの確信に心を留めなかった人々は、(彼らに対する神の正しい裁きによるのであるが) 彼らの霊が、誰の場合にも、いっそう頑なになり、いっそう無分別となり、より無感覚になり、愚鈍になるということが一般に見られる。というのは以前は御言葉を聴いて心おののき、悔い改めの涙を流し、気持ちをやわらげられた人々が、今や良心がきわめて無分別となり、きわめて無感覚にさせられ、頑なにされてしまうからである。

（バニヤン『律法と恩恵の教義の展開』の序文、The Epistle to the Reader, op. cit. p. 17-18）

またその作用は「あなたが〈罪の自覚〉（Conviction）に喜んで心を向け、耳傾けることができるように、さらにより多くの省察を付け加えなさい」と力説する（op. cit. p. 18）。またこの良心の自覚によって自己の悲惨さとまた神の憐れみを感得するように勧められる。

このような彼の神学思想はどのように確立されたのであろうか。このことは『罪人のかしらに溢るる恩寵』の中で体験と思索にもとづいて物語られる。ところでバニヤンは大学に行かず、学問の訓練を受けていなかっただけ、それだけ霊性の純粋な認識に到達することができた。

この作品には回心前後の精神的な状態が克明に記されており、信仰の確信が獲られず、絶えず悪魔の誘惑にさらされ、信仰の試練に見舞われていたことが記される。その回心の特徴は信仰が外面的な教会に対する信仰から始まり次第に善い業や自己の内面に向かっていくが、いつもこの世の生活の誘惑に負けてしまう点にあるといえよう。神を信じてもこの世の誘惑に負けるため、彼の良心は極度の病的な状態に陥っていく。彼は罪について過敏となり、わたしはピン一本、わら一本にさえ手を触れようとはしなかった。わたしの良心は痛みやすくなり、ちょっと触れても、ヒリヒリ痛むほどだったから。わたしはへたな言葉を使うのを恐れて、どう口を利いたらいいのかも判らなかった。ああ、この時、わたしは、言うことなすことの一つ一つに、どんなにおずおずとして暮したことだろう。ちょっと身動きしても震動する泥沼にはまりこんで、神にも、キリストにも、御霊にも、一切の善いものから取り残されたように感じた。

（バニヤン「罪人のかしらに溢るる恩寵」高村新一訳、『バニヤン著作集Ⅰ』95―96頁）

バニヤンはこのような内心の反省から自分が悪魔と等しい状態にいることを感じるようになった。

わたしの生来の、内的なけがれ――わたしを苦しめなやますもの、絶えずわたしのうちに猛威をふるうもの、痛いほど身に覚えのあること――このことのために、わたしは自分の目にさえ、ひきがえるよりもいまわしいものと映じた。神の目にもそう映るものと考えた。罪と汚れはちょうど泉からこんこんと水が湧き出すように、わたしの心からおのずと湧き出た。……内なる邪悪と心の汚れとにかけては、悪魔を除いて、わたしに匹敵するものはあるまいと考えた。それで、おのれのあさましさを見て、わたしは深い絶望感におそわれた。この状態は、恩寵の状態とどうてい両立し得ないと思ったからである。たしかにわたしは、神から見すてられたのだ、たしかに悪魔に渡され、救いがたい心を持つ者とされたのだと思った。

(前掲訳書、96頁)

だが、これは誘惑者である「悪魔との激しい格闘の経験」にほかならないと考えるようになった(前掲訳書、140頁)。このような苦闘からの救いを求めた求道の途上に彼はルターの『ガラテヤ書講解』(1531年)を読み、彼もルターと同じ霊的な試練の状況にあることを知った。「そのうえルターはその本の中でこれらの誘惑すなわち冒瀆や絶望などの起こる理由を非常に真剣に論じているし、モーセの律法が悪魔や死や地獄と同じようにそれらの誘惑の中で暴威を振るっていることをも明示している。……ただ、これだけはすべての人たちに言わねばならないと想う。すなわち(聖書以外では)今まで見たすべての本の中でマルティン・ルターのこのガラテヤ書講解こそ傷ついた良心にとって何よりも善いものだと想う」(『恩寵溢れる』小野武雄訳、長崎書店、1940年、87頁)と語っている。

こうした信仰の試練に陥っている状況では、回心したからといっても内心の平安は直ちに得られず、神から注がれる恩恵(恩寵)によって悔い改める生活が求められた。その際、律法は病める良心に対して猛威を振るい、激しい試練に彼を陥らせた。さらに罪責認識と救済体験との対比から神の恩恵が溢るるばかりに注がれるとも語られる。ここに恩恵が「溢れる恩恵」(grace abunding)として、「超過」(super abunndannce)のかたちで把握される。

ルターはこれを「欣喜雀躍《きんきじゃくやく》」(überschwenglich)という表現で語っている。ここにリクール(Paul Ricoeur, 1913 - 2005)の言う「超過の論理」(logic of superabundannce)としての独自の霊性論理が見られる(これについては金子晴勇『現代ヨーロッパの人間学』知泉書館、167—168頁参照)。

さらにバニヤンは「この世のならわしに従い、不従順の子らの中に今も働いている霊に従う」(エペソ2・2—3)生活について反省し、そういう状態では不義を満喫して、「悪魔に捕えられてその欲するままになる」(Ⅱテモテ2・26)ことを喜び、その邪悪さは、呪言・罰当りの言葉・虚言・神の聖き御名を汚すことの連続であって(Bunyan, Grace abounding, 4,『溢れる恩寵』高村新一訳、61頁)、それは「悪魔と悪霊」に取り憑かれた状態であったと言う。すなわち「わたしは罪のうちに日々を過ごした後、床についていたとき、悪魔や悪霊に対する恐怖感に襲われたが、彼らは(その時そう思えたわけなのだが)あくまでわたしを拉し去ろうとし、わたしはどうしてもそれから遁れ得なかったのである」(前掲訳書、同頁)。

ここに彼は悪魔が力をもって彼に臨み、悪霊の支配下に「拉《らっ》し去られる」ことが起こっている。ここにデーモンとの闘争がはじまる。そしてこの悪霊の攻撃が良心に対する重圧として臨んでくる。彼は言う、「律法の恐怖と私の罪に対する自責の念がわたしの良心に重くのしかかっていた」(前掲訳書、84−85頁)と。バニヤンに代表されるピューリタンの信仰は良心的であり、自己反省から絶えず罪と戦うことによって信仰を霊的に深め、神に喜ばれる生き方を探求しようとする。

そこで彼は信仰義認を悪魔の心とキリストの心との交換から理解しようとする。そこには彼とルターとの類似点が認められる。なぜなら信仰義認論の基礎は神と人との間の取引、つまり神の義と人間の不義との「転嫁」(imputatio)による「取引」(Wechsel)にあって、それがバニヤンによって「**心の交換**」として語られている点である。この「心の交換」というのは、人格間の交流を示す独特な表現である。それは自らの罪を知らされ、過敏と言ってよいほどにまで鋭敏となった傷ついた良心の状態に彼が陥り、煩悶し、深く絶望したとき、バニヤンが、他の人はだれでも、わたしよりはよい心をもっていると考え、もしも心が交換できるものなら、だれとでも交換したいと思ったことに示される。

彼はこのように自己を自覚し、神に見捨てられ、悪魔に引き渡され、救いがたい心をもつようになり、深い絶望感に打ちひしがれた。しかも罪の意識が深まるに応じて恩恵の理解が同時に起こってくることが、彼の義認論の前提とも内容ともなっている。この点は「義人にして同時に罪人」というルターの表現の中に端的に表現されている義認の理解と同じである。このような「救済」にバニヤンは今や近づいてゆく。この「心の交換」には、まず自己の絶望状態の自覚が前提となっている。それはパウロのいう「罪びとの頭《かしら》」としての自己理解である。それゆえ彼は自分以外の他の誰とでも、もし可能ならば、心を交換してもよいと思った。

さらにこの「心の交換」は「キリストの和解」すなわち「キリストの十字架の血」による救済の体験から実現した。したがって、この交換の内容は通常の取引とは相違したものであり、罪人の自覚のゆえに、キリストの恩恵が授けられる。ここでの罪人と恩恵との関係は、一般に考えられている応分の、あるいは相当分を遥かに超えた交換となっているので、その関係は「逆対応」であるといえよう。バニヤンはこの逆対応の内容について「格段の差」とか、「雲泥の差」という表現を使って、次のように述べている。

「今やわたしは、血肉の有する考えと、天に在《い》ます神の啓示との間には格段の差があること、また、人の知恵による見せかけの信仰と、神によって新たに生まれることから来る信仰とでは、雲泥の差があることを明らかに認めたのである。」（前掲訳書、111－112頁）

バニヤンはこのような思想をもっぱら自己の体験と思索にもとづいて語っているが、それだけ霊性についての認識を純粋に語ることができた。

# 『「良心」の天路歴程』――あとがき

わたしが大学院で学び始めた頃、京都北白川教会の牧師、奥田成孝《しげたか》先生からルターの『ガラテヤ書講解』の英訳本をいただいた。これは稀覯本で1860年に出版されたものであった。その書の序文にはバニヤンがこれを読んでルターの信仰を学んだことが記されていた。わたし自身も高校生の頃からバニヤンの『天路歴程』は親しんでおり、大学でバニヤンの著作集の翻訳者であった高村新一先生と親しくなり、多くの著作の素晴らしさを教えてもらった。

だが実際にバニヤンの著作を研究する機会に恵まれたのは、晩年になってから聖学院大学の大学院の演習を担当したときであった。その当時大学院生であった深山《みやま》祐《たすく》さん（日本基督教団 国分寺南教会牧師）は、牧師でありながら向学心に燃えており、博士論文を書きたいと願っていた。彼はミルトンで修士論文を書いたが、その成果が十分に評価されず、博士課程で同じ研究を継続することができなくなっていた。そこで前からわたしの授業に加わっていた彼からわたしはその進路相談を受けた。そのときミルトンとほぼ同時代人であったバニヤンの神学思想を研究してはどうかと提案した。その当時バニヤンの初期論文集が出版されるようになり、研究の準備がととのってきていた。それ以来3年間にわたってバニヤンの初期神学書を演習で読み続けた。こうして彼も博士論文を完成させ、その研究成果を『バニヤンの神学思想——律法と恩恵をめぐって』(南窓社、2011年)として出版することができた。

このようにわたしはバニヤンの思想と作品に親しんできたので、本書は当初『良心の現象学』と命名したかったが、一般には「現象学」ではあまりにも難解に感じられるので、いっそうわかりやすく巡礼の道程を意味する「天路歴程」を使ってみることにした。それは本書の帯にもあるようにルターの言葉(「天上への道は良心のそれである」)にも同様な表現があったからである。

本書の内容は以前に教文館から出版した『恥と良心』をその構成と内容にわたって改作したものである。それにルターとドストエフスキーに関する論文を加えて、内容を補足した。この書を出版した当時にはベネディクトの名作『菊と刀』をめぐって日本文化論が盛んであった。その際、『恥と良心』の第1章だけが注目されたが、もっと歴史的に良心現象を研究した点は看過された。とりわけわたしが詳しく論じた「良心の三段階説」が無視されたので、今回はこの箇所を中心に新たに良心論を構想し、信仰を意味する「霊性」の働きが、「良心」概念を使って明らかになる点を詳しく論じた。この点もルターによって見事に論じられていることを述べ、霊性概念の豊かな展開を内外の文学作品を使って一般の人たちに理解できるように叙述した。

本書の出版に関しても出版社ヨベルの社主、安田正人さんに負うところが大きい。はじめはこの霊性に関する理解がこれによって促進させることが出版の主な理由であった。確かにキリスト教徒の間でも一般にはこの概念が未だ十分に理解されていない。そこでわたしは「霊」とその作用である「霊性」が、本書によっていっそう明瞭にその理解が促進されることを願ってやみません。

2023年の文化の日に

金子晴勇

＊本書は『恥と良心』と題して教文館より1985年に刊行されました。本書は目次構成等を含めて大幅に改訂し、改題、増補し、付論を追加して刊行することになりました。

【書評再録　本のひろば2022年1月号】

金子晴勇著　東西の霊性思想――キリスト教と日本仏教との対話

四六判上製・二八〇頁・定価一九八〇円（税込）

## 東西霊性の在所を照らす

評者：片柳榮一氏

人間学的視点という明確な方法論をもってキリスト教思想史研究の分野でいつも新鮮な刺激を与えて続けてきた著者は近年、その方法をさらに霊性思想において深め、旺盛な著作活動を展開している。そしてその探求の一つの到達点が本書『東西の霊性思想』と言えよう。単に東西の思想を比較しているのでなく、著者が長年その研究に打ち込んできたキリスト教思想と、私たちがそこに生きている日本の文化・思想、殊に仏教を、豊富な文献を用いて精査し、自らのうちに見つめ直しているのである。

「霊性」というそれ自体概念化しにくい事柄に、著者はその機能面より接近し、そこに三つの基本的な働きを見ている。一つは感得作用であり、「外的な感覚ではなく、心の奥深く感じ取ること」（25頁）であるという。このことを明瞭に表明しているのはパスカルであり、「神を直観するのは心であって理性ではない。信仰とはそういうものなのだ。心に感じられる神」（パンセL.424）であるという。第二は自己を越えて神に向かう超越作用である。これはアウグスティヌスの次の言葉に最も明らかに示されている。「外に出て行こうとするな。汝自身に帰れ。内的人間の内に真理は宿っている。そしてもし汝の本性が可変的であるのを見出すなら、汝自身を超越せよ」（『真の宗教』XXXIX,72）。そして第三の機能は、心身を統合するものとしての霊の作用であるという。そして著者は現代、ことに日本の大きな危機の根源を、こうした霊性が無視されてきていることに見ている。「これまで日本では明治以来、ヨーロッパ文化は近代化や合理化の典型として賛美され、模倣されてきた。それゆえヨーロッパを学ぶことは、ルネサンス以降の近代化と合理化を学ぶことであった。……ところが日本におけるこれまでのヨーロッパ思想の受容は生命の根源である霊性を除いた、亡霊となった屍を有り難く採り入れたにすぎなかった。したがってヨーロッパ思想の生命源である霊性を学び直すことは今日きわめて重要である」（16頁）。

この書の導きの糸になっているのは、西田幾多郎の次の言葉であろう。「われわれの自己の根底には、どこまでも意識的自己を越えたものがあるのである。これは我々の自己の自覚的事実である。自己自身の自覚の事実について、深く反省する人は、何人もここに気附かなければならない。鈴木大拙はこれを霊性といふ」（19頁）。著者はこのような問題意識をもって、旧新約聖書、キリスト教教父、神秘主義者、ルターを始めとする宗教改革者などのキリスト教の霊性思想と、万葉集以来の日本文学や、また鎌倉仏教において類まれな形で現れた日本的霊性の特徴、さらには白隠、明治のキリスト者、植村正久、内村鑑三、またあまり知られていなかった新井奥邃や綱島梁川の神秘主義的体験にもみられる霊性思想を丹念に掘り起こしている。法然や親鸞の凄絶なまでの「如来の本願に対する絶対信仰」（124頁）をあらためて丹念に教え示され、著者の共感の深さにも感銘を覚える。

今日本に生きる私たちは、霊性という点においては、果てしない荒れ野の中に打ち棄てられている。まさしく生ける命の源を断たれているかの如くである。そのような中で本書は、命の水の在り処をはっきり示している。

（かたやなぎ・えいいち＝京都大学名誉教授）

【書評再録　週刊読書人2021年11月5日・3414号】

## 心身の統合性を回復させる霊性——東西宗教からみた近代以降の人間の根本問題

評者：阿部善彦氏

金子氏の豊富な業績は古代から現代に至るキリスト教思想史にわたる（一例として教文館の『アウグスティヌス著作集』、『キリスト教神秘主義著作集』での幾多の訳業、また、目下、ヨベルから『キリスト教思想史』〈全七巻、別巻二〉を刊行中）。金子氏の長年の探求の中心には一貫して人間への問いがある。それは日本も受容してきた近代西欧の人間観への批判的検討に根差す。思えば、近代理性（合理主義）の人間観は、デカルトの「我思うゆえに我あり」のように、自己を合理的意識の枠内に押し込め、「身体」を数的処理可能な物体（延長）として切断し、自己を超えた存在者へのかかわりである「霊性」を合理的認識の圏外に祭り上げ、排除した。「霊・魂・身体」を備えた存在・生命としての統合性を見失った人間は、「身体」また「霊性」のうちに自己の存在・生命のありようを見出すことができなくなった。金子氏の問いはまさにこの近代以降の人間の根本問題にかかわっており、本書では「霊性」が心身の統合性を調和的に回復させることが強調される。したがって本書の考察は人間学的「三分法」としての「霊・魂・身体」、心性の「三段階」としての「感性・理性・霊性」を基盤にして展開される。

東西宗教としてみるとき、西欧では聖書・キリスト教によって古代から近代にかけて霊性の深さが示されるが、ルター、エラスムスの時代を最後にして、近代以降は世俗化とともに霊性の忘却が進んだと診断される。他方、日本的霊性は万葉集の時代から鎌倉仏教にかけて霊性の深さを示し、とりわけ、霊性の言語的・感性的表現において実り豊かであり、道元に徹した良寛の詩歌や念仏を生きた妙好人・浅原才市の手記が代表例として本書であげられる。思うに、多くの日本人は無宗教だとひらきなおっているが、それは、和語・漢語によって直接的にわたしたちのこころに霊性的次元の声を響かせている、こうした霊性的古典の数々を黙殺する態度になっていないだろうか。継承・傾聴すべき日本的霊性の古典の豊かさに本書を通じてあらためて気づかされる。

本書では「超越的・形而上学的」と「個人的・人格的」、「思弁的・直観的」と「人格的・情緒的」などの、様々な二分法的「類型」が採用される。だが、それはあくまでも東西宗教の比較のためであり、類型自体は絶対化されず、むしろ批判的に検討・克服される。それは西谷啓治が、中世キリスト教霊性の精華であるマイスター・エックハルトを、「非人格的形而上学的な思弁」として類型化し、禅的に把握したことに対する、金子氏の的確かつ鋭い批判によくあらわれている。ただし禅は「霊性」による心身の統合性の調和的回復を重視する本書において積極的に評価され、「霊操」の伝統をもつカトリック霊性における禅への関心も紹介される（本書ではトーマス・マートン、ハインリッヒ・デュモリン、門脇佳吉が取り上げられるが、このほかに愛宮真備［エノミヤ・ラサール」、クラウス・リーゼンフーバー、押田成人もあげられるだろう）。また、金子氏が長年取り組んだルター研究に関しては、親鸞の「信心」「悪人正機説」などとの比較検討によって東西霊性思想の視点から考察が加えられる。

本書「あとがき」にあるように、東西宗教、キリスト教と仏教の比較という壮大なスケールの問題関心は金子氏の学生時代に始まる。そして京大大学院生時代に西谷啓治、武藤一雄の指導のもと、西田幾多郎以降の宗教哲学の伝統を吸収しながら育まれ、その後の大学教員・研究者としての歩みの中で熟成され、ついに本書に結実した。読者は副題の通り東西霊性が時空を超えて対話する現場へと引き込まれるだろう。

（あべ・よしひこ＝立教大学文学部・准教授）

## 【書評再録　クリスチャン新聞2021年11月4日号】

# 霊性に日本仏教との接点をあぶり出す

評者：濱　和弘氏

本書の著者である金子晴勇氏は、日本におけるキリスト教思想史の大家である。

著者は静岡大を卒業後京都大大学院で学び、国際基督教大、立教大、国立音大、岡山大、静岡大、聖学院大で教鞭をとり、研究者としてはアウグスティヌス、ルター、エラスムス等の思想を、一貫して人間学的視点から捉えてきた。本書はその著者が、自身のもう一つのテーマであるという霊性の問題を取り扱ったものであり、西洋のキリスト教と日本仏教における霊性を比較しつつ概観できるように構成されている。

実は、著者は日本的霊性を主題化し叙述した鈴木大拙の影響を受けた西田幾多郎の思想を受け継ぐ西谷啓二や武藤一雄から直に学んでいる。その意味では、日本人キリスト者として、日本人の霊性を考える道筋を示すにあたって、著者は最適な人物である。

そこで本書だが、著者は、本書の主題である霊性を現象学的に捉えると言う。というのも、霊性は超越的存在を看取する人間の内的経験であり、それゆえに霊性を第三者的に観察することはできないからである。従って、霊性を観察し探求し叙述するには、霊性が現象として現れ出る作用によるしかない。このような作業は、信仰という目に見えないものを、人間を観察する人間学の視点で捉えてきた著者の真骨頂である。

著者は、本書で西方キリスト教の伝統における霊性を神秘主義の中に見ている。その神秘主義は、基本的には神との合一を目指すものである。著者はその神秘主義を思弁的・形而上学的に捉える流れと、神と人との人格的結びつきとして経験する人格的神秘主義の流れに分け、前者を、ディオニシオスやエックハルトに、後者を神秘を魂と神との「霊的結婚」として語る花嫁神秘主義に見ている。

このような神秘主義の分析は、霊性が持つ二系統として捉えなおされ、最終的に日本的霊性とキリスト教との霊性における連関の可能性が示唆されるのである。

そこで著者は、まず本書の2章でそのキリスト教の霊性と日本の霊性が、それぞれヨーロッパと日本でどのように表出しているのかを、歴史や文学を通して表していく。

その上で3章、4章においては、そのキリスト教および日本仏教の霊性の特質を、思想史の文脈の中で捉え叙述するのであるが、前者においては、主にディオニシオス、アウグスティヌス、ルターが取り上げられ、後者においては、空海、法然、親鸞、道元、白隠といった人物が取り上げられる。

実は、読者がこの3章、4章を丁寧に読んでいくと、著者が本書で描く構想と意図が見えてくる。すなわち著者は、キリスト教と日本仏教の両者が持つ宗教性である霊性の特質は、思弁的にも人格的にも同じ性質を有していることを指摘し、その要にルターが築き上げた宗教改革的霊性があることを示唆するのである。

そのことは、5章、6章においてキリシタンの思想と仏教の出会いや植村正久、内村鑑三らの明治期のキリスト者の霊性を取り上げていく中で、また近代日本の仏教思想家の霊性を見ていく中で、より鮮明に理解することができるようになる。そこには、霊性における思弁的な側面と人格的側面の両面性が一貫して捉えられている。

そしてそれらを経たうえで、7章、8章でキリスト教と日本仏教の霊性の比較がなされ、共通性と相違性が述べられる。

その中で著者は、それを一般啓示と特殊啓示の枠組みの中で考察する。この点は極めて興味深い。著者も述べる通り、その共通性は自然啓示の中に、相違性は特殊啓示の中に見られるからである。

キリスト教における啓示とは、超越者である神と世界内の存在である人との接点である。そして日本人の豊かな霊的感性は、自然を通して超越的存在を看取し、自然との一体感の中で超越的存在を感じ経験してきた一般啓示的な感性である。

だからこそ、前出の鈴木や西田に代表される自己と自然に沈潜することで無の悟りに至る禅思想を核とする日本的霊性は、思惟によって被造世界から魂を離脱させ、そこにおいて神を認識し、神との合一を目指すエックハルトの思弁的神秘主義に結びつく。

ところがその一方で、今の日本の神学の主流は、一般啓示を否定し特殊啓示に集中するバルトにある。この点は、霊性の神学の視点から、また宣教論的視点からも決して見逃してはならない事柄であろう。なぜなら、バルト神学に依存している限り、鈴木的な日本的霊性とキリスト教の霊性とは、相交わることはないからである。

しかし、それでもなお著者は、その丁寧な神学思想史研究によって、キリスト教と日本仏教との間にある溝を相克し、両者の接点となる霊性をあぶりだしていく。すなわち、アウグスティヌスからルターへと継承され、宗教改革で実を結んだ恩寵《おんちょう》経験に基づく「信仰義認論」に表出した宗教改革的霊性が、日本仏教における宗教改革的経験ともいえる法然、親鸞の称名念仏「のみ」に救いを見いだす霊性と結びつくのである。そこには、人格的神秘主義が持つ信仰者の生の実践がある。

もとより、ルターと親鸞の近接性は既知の事柄である。本書は、その近接性を神学がもつ言葉の論理性からではなく、本書に一貫して流れる逆説的経験の逆対応の論理の中に見ている。そしてその逆対応こそが、霊性の論理なのである。そういった意味で、著者が本書において示す親鸞の「悪人正機説」の理解は実に味わい深い。

いずれにせよ、本書はキリスト教と日本仏教の霊性が同質のものであり、響きあうものであることを分かりやすく明示する。それゆえに本書は、日本で生きるキリスト者にとって、宣教の糸口を示す必読の書であると言えよう。

（はま・かずひろ＝日本ホーリネス教団 小金井福音キリスト教会／相模原キリスト教会牧師）

金子晴勇（かねこ・はるお）
1932年静岡生まれ。1962年京都大学大学院博士課程中退。67年立教大学助教授、75年『ルターの人間学』で京大文学博士、76年同書で日本学士院賞受賞。82年岡山大学教授、1990年静岡大学教授、1995年聖学院大学客員教授。2010年退官。
**主な著書**：『ルターの人間学』（1975）、『アウグスティヌスの人間学』（1982）、『ヨーロッパ人間学の歴史』（2008）、『エラスムスの人間学』（2011）、『アウグスティヌスの知恵』（2012）、『知恵の探求とは何か』（2013）、『キリスト教人間学』（2020）、『わたしたちの信仰――その育成をめざして』（2020）、『キリスト教思想史の諸時代Ⅰ～Ⅶ、別巻1』（2020～2023）、『東西の霊性思想――キリスト教と日本仏教との対話』（2021）、『ヨーロッパ思想史――理性と信仰のダイナミズム』（2021）ほか多数
**主な訳書**：アウグスティヌス著作集 第9巻（1979）、ルター『生と死の講話』（2007）、ルター『神学討論集』（2010）、エラスムス『格言選集』（2015）、C. N. コックレン『キリスト教と古典文化』（2018）、エラスムス『対話集』（2019）、B. グレトゥイゼン『哲学的人間学』（2021、共訳）ほか多数

「良心」の天路歴程《てんろれきてい》
隠れたアンテナ効果とは？

2023年12月15日 初版発行

著　者 ―― 金子晴勇
発行者 ―― 安田正人
発行所 ―― 株式会社ヨベル　YOBEL, Inc.
〒113-0033 東京都文京区本郷4-1-1-5F
TEL03-3818-4851　FAX03-3818-4858
e-mail：info@yobel. co. jp

印　刷 ―― 中央精版印刷株式会社
装　幀 ―― ロゴスデザイン：長尾 優
配給元―日本キリスト教書販売株式会社（日キ販）
〒162-0814　東京都新宿区新小川町9-1
振替 00130-3-60976　Tel 03-3260-5670
　ISBN978-4-909871-97-8-0 C0016

## ヨベルの本（税込表示）

ヨーロッパ思想史　金子晴勇著

### 東西の霊性思想　キリスト教と日本仏教との対話

**ルターと親鸞はなぜ、かくも似ているのか。キリスト者が禅に共感するのはなぜか。**

「初めに神が……」で幕を開ける聖書。唯一信仰に生きるキリスト教と、そもそも神を定立しないところから人間を語り始める仏教との間に対話は存在するのか。多くのキリスト者を悩ませてきたこの難題に「霊性」という観点から相互理解と交流の可能性を探った渾身の書。

**2版**　四六判上製・二八〇頁・一九八〇円　ISBN978-4-909871-536-4

富田正樹著

### 疑いながら信じてる50　新型キリスト教入門　その1

**私は疑いながら信じています。キリスト教を信じる人たち（クリスチャン）の中には疑いなど全く抱かずに、まるっきり無邪気に信じ込んでしまっている人がいます。それはそれで結構……どう展開する!?**

ガチガチに凝り固まった「唯一の」「正しい」教義に疑問を感じている人には、きっと興味深いものになるはずです。どうぞ、「疑いながら信じる」ひとりのクリスチャンの頭の中へとお入りください。

**重版出来！**　四六判・一九二頁・一五四〇円　ISBN978-4-909871-90-9

ルイ・ギグリオ著　田尻潤子訳

### 「敵《ヤバイ奴》」に居場所を与えるな　あなたの人生を変える―詩編23編からの発見

**「死の影の谷」だけじゃない！**　「あなたは敵の見ている前で、わたしのために食事を調え……」（詩編23・5フランシスコ会聖書研究所訳）「そんなのムリ」「逃げ道はない」「あっちのほうがよかった」……こうした思いがあなたの「敵」ヤバイ奴（誘惑する者）なのだ！　主とあなたの食卓（食事の席）に「敵」を着かせてはならない。

四六判上製・二四六頁・一八七〇円　ISBN978-4-909871-41-1